区域网络化产业技术创新系统研究

张玉赋　汪长柳　编著

东南大学出版社
SOUTHEAST UNIVERSITY PRESS
·南京·

图书在版编目(CIP)数据

区域网络化产业技术创新系统研究 / 张玉赋,汪长柳编著. —南京:东南大学出版社,2017.9

ISBN 978-7-5641-7428-6

Ⅰ.①区… Ⅱ.①张… ②汪… Ⅲ.①区域经济—产业经济—技术革新—研究—中国 Ⅳ.①F127

中国版本图书馆 CIP 数据核字(2017)第 223621 号

区域网络化产业技术创新系统研究

编　著	张玉赋　汪长柳
出版发行	东南大学出版社
出 版 人	江建中
社　址	南京市四牌楼 2 号
邮　编	210096
印　刷	虎彩印艺股份有限公司
开　本	700 mm×1000 mm　1/16
印　张	13
字　数	260 千字
版　次	2017 年 9 月第 1 版
印　次	2017 年 9 月第 1 次印刷
书　号	ISBN 978-7-5641-7428-6
定　价	38.00 元

(本社图书若有印装质量问题,请直接与营销部联系。电话:025-83791830)

前　言

在全球金融危机的背景下,新一轮科技革命和产业变革悄然兴起,全球创新资源流动日益加速,以争夺科技创新资源为核心的区域竞争日趋激烈。美国三次发布《美国国家创新战略》,德国推出工业 4.0 战略,我国的北京、上海、深圳等省市提出建设具有全球影响力的科技创新中心,江苏也明确提出建设具有全球影响力的产业科技创新中心的发展目标。在新的目标诉求下,各发达国家和先进地区纷纷推出创新性举措,以完善本国或地区的产业技术创新系统,并且其网络化特征日趋显著。如美国提出国家制造业创新网络计划,法国提出重构国家创新治理体系,韩国致力于构建"创造经济"生态系统,北京致力于打通科研与产业转化的通道,上海致力于优化国有企业技术创新体系,山东致力于构建基层科技创新体系。江苏是我国东部发达省份,区域创新能力连续八年排名全国首位,已成为我国创新活力最强、创新成果最多、创新氛围最浓的省份之一。江苏的成功,得益于其网络化产业技术创新系统的构建和完善,其最显著的特色为:建立起以高新区为核心的创新载体体系、以省产业技术研究院为核心的产业技术转化体系、以企业为核心的产学研合作体系、以合作研发和技术转化为核心的国际化创新体系、以服务为核心的全方位政府支持体系,这些实践经验为我国其他地区构建产业技术体系提供了很好的借鉴,也有利于区域创新理论的丰富和完善。

本书以江苏省为研究样本,探讨区域网络化产业技术创新系统相关理论和实践问题。本书的研究特色主要有以下三个方面:一是侧重实践研究和现象的描述。本书虽有专门章节探讨区域网络化产业技术创新系统理论问题，但更多笔墨在于描绘江苏的创新实践。这一思路正如《国家（地区）创新体系比较》的作者理查德·R.尼尔森所讲："完成这个任务（研究和比较国家/地区创新体系）就是仔细地进行描述和比较，并且尽力去理解，而不是首先形成某个理论，然后试图去证明或者调整该理论[①]。"二是重视数据分析和实证研究。本书引用了大量的数据，并运用适当的统计方法，来分析江苏产业发展现状及产业技术创新系统存在的薄弱环节。同时还采用了三个案例研究，以使对样本的研究更为立体和丰富。三是侧重对政府作用的分析。本书作者长期从事为政府科技管理提供决策支撑的研究工作，因此在观察的角度上也更易以政府的视角来观察问题，在对江苏网络化产业技术创新系统的实践研究中，重点阐述了江苏各级政府是如何全方位地构建网络化产业技术创新系统的。

本书章节安排如下：全书共六章。第一章，研究背景，主要说明研究的目的和意义。第二章，区域网络化产业技术创新系统理论分析，分析了概念内涵及特征、构成要素及网络结构。第三章，区域网络化产业技术创新系统国内外经验借鉴，从国家、城市、园区三个层面共选取了八个案例分析其做法、经验和启示。第四章，江苏省区域网络化产业技术创新系统实践分析，重点分析了江苏省区域网络化产业技术创新系统建设实践、特征及存在的问题。第五章，案例分析，分别从园区、机构、企业的角度选取了宜兴环科园、省产业技术研究院、先声药业三个案例进行了分析。第六章，进一步优化江苏网络化产业技术创新系统的对策建议，多角度多层面地提出了八个方面对策建议。

---

① 理查德·R.尼尔森.国家（地区）创新体系比较[M].曾国屏，刘小玲，等译.北京：知识产权出版社，2012.

目　录

第一章　研究背景和意义

一、新科技革命背景下以科技创新为核心的区域竞争日趋激烈

自2008年金融危机冲击以来，世界经济低迷旷日持久，能源、粮食安全、人口健康、气候变化等全球性问题突出，尚未取得周期性恢复。在此背景下，新的技术革命开始孕育，科技创新与产业变革加速融合，以大数据、云计算、移动宽带和智能终端为特色的下一代网络产业，以基因技术和干细胞技术为基础的生物工程和新医药产业，以可再生能源和可控核聚变为重点的新能源产业，以3D打印技术为核心的新型制造业等正蓬勃兴起。世界各国均已意识到了知识经济和科技创新的重要性，如美国相继制定了《振兴制造业战略》《美国国家创新战略》《重整美国制造业政策框架》等战略规划，旨在保持美国在先进制造领域的全球领先地位。德国推出工业4.0战略，核心就是大力发展智能工厂、智能生产、智能物流，推动制造业向智能化转型，使德国成为新一代工业生产技术的主导国家，巩固其制造业的全球领先地位。欧盟2014年正式启动“地平线2020”科研计划，俄罗斯出台《2020年前科技发展》国家计划，韩国发布《第三次科学技术基本计划》等等，各发达国家无不面向新一轮科技革命和产业变革提出了前瞻性的研判和新的发展举措。2016年，我国也发布了《国家创新驱动发展战略纲要》，各先进省市也纷纷加紧部署实施创新驱动发展战略，北京、上海、深圳都提出建设具有全球影响力的科技创新中心，2015年江苏省委十二届十一次全会明确提出建设具有

全球影响力的产业科技创新中心的发展目标，以科技创新为核心的区域竞争日趋激烈。

二、构建区域网络化产业技术创新系统是提高区域创新竞争力的关键

在区域创新体系中，产业技术创新体系处于核心的地位，产业技术创新体系的完善是提高区域创新竞争力的关键。在创新全球化背景下，产业技术创新系统越来越趋于网络化，高效的创新网络有助于创新要素的快速流动，有助于创新主体的协同合作，有助于创新成果的转化共享，能促使网络中的一些节点区域成长为创新能级高、对外辐射功能强劲的全球创新节点。为顺应全球创新体系和创新模式的一系列变革，发达国家不约而同地掀起了以抢占竞争制高点为核心的新一轮技术创新浪潮，纷纷加大对产业技术创新能力建设的投入与扶持。如美国提出国家制造业创新网络计划，以促进制造业复兴；法国政府提出重构国家创新治理体系，从强化战略引领和顶层设计、重新梳理国家科研计划、加强公共科研机构管理、优化政策环境等方面开展改革和实践；俄罗斯出台《2020 年前科技发展》国家计划，拟投入 38 亿美元建设斯科尔科沃创新中心及配套的斯科尔科沃科技大学；韩国发布《第三次科学技术基本计划》，致力于构建“创造经济”生态系统，把大田发展成世界基础科学研究枢纽，培养人才挑战诺贝尔奖；以色列着力推动建设 30 个国家集优科研中心，并作为唯一非欧盟国家加入“地平线 2020”计划。国内发达省市也在加快重构产业技术创新体系步伐，如北京相继颁发《加快推进高等学校科技成果转化和科技协同创新若干意见（试行）》和《加快推进科研机构科技成果转化和产业化的若干意见（试行）》，致力于打通科研与产业转化的通道。上海市委市政府出台《关于进一步深化上海国资改革促进企业发展的意见》，致力于优化国有企业技术创新体系。山东出台《县域经济科学发展试点方案》，致力于构建基层科技创新体系。

三、江苏的探索与实践为我国区域产业技术创新系统的建设提供重要的研究样本

区域产业技术创新系统建设不是一个简单的理论问题，而是一个需在实践中摸索的问题，如何面向当前全球科技创新态势，根据当地发展特点，系统借鉴国内外发展经验，构建具有本土特色的区域产业技术创新系统是一项新的研究课题。多年来，江苏高度重视科技进步与创新在经济社会发展中的重要作用，大力实施创新驱动发展战略，全面推进科学技术、发展理念、体制机制、社会管理等各方面创新，科技综合实力实现重大跃升。据《中国区域创新能力报告》显示，江苏区域创新能力连续八年排名全国首位；在福布斯《2014 年中国大陆最具创新力的 25 城市排行榜》中，江苏占 8 席、数量居全国第一。江苏已成为我国创新活力最强、创新成果最多、创新氛围最浓的省份之一。在积极构建网络化区域产业技术创新系统方面，江苏已做出了许多有益的探索和实践，如建立起以高新区为核心的创新载体体系、以省产业技术研究院为核心的产业技术转化体系、以企业为核心的产学研合作体系、以合作研发和技术转化为核心的国际化创新体系、以服务为核心的全方位政府支持体系，这些实践经验为我国其他地区构建产业技术体系提供了很好的借鉴，也有利于区域创新理论的丰富和完善。

第二章 区域网络化产业技术创新系统理论分析

第一节 概念、内涵及特征

一、概念和内涵

目前无论是学界、产业界还是政府部门，都未明确提出“区域网络化产业技术创新系统”这一概念。但从科技管理的角度，这一概念仍然具有较强的指导意义和实践意义。同时，我们也可以借鉴区域创新系统、区域创新网络、创新生态系统、产业技术创新系统等概念来认识区域网络化产业技术创新系统的内涵及特征。

国内外学者对区域创新系统的研究可谓深广，论著十分丰富①。概括起来，对区域创新系统的研究主要聚焦于以下五个方面：一是强调创新主体的多元化。库克认为，区域创新系统的主体包括生产企业、研究机构和高等教育机构。挪威学者魏格（Wiig，1995）研究指出区域创新系统主要由生产企业群、教育培养机构、产品研发机构、政府支持机构和金融服务机构组成，政府支持机构和金融服务机构在区域创新系统中具有重要作用。瑞典学者阿

① 付淳宇. 区域创新系统理论研究[D]. 长春：吉林大学博士学位论文，2015.

瑟姆和艾萨克森（Asheim，Isksen；1997，2002）认为区域创新系统是由两类行动者相互作用组成的产业集群。这两类行动者分别是组成产业集群的企业和制度基础机构，其中制度基础机构主要包括科技机构、高等院校、技术中介机构、职业培训机构、产业协会、金融机构等，它们具有支持区域创新的重要能力。阿瑟姆等的研究是将产业集群作为区域创新系统的主体，强调创新主体多样性和制度机构重要性。二是强调区域内行为主体之间交互学习促成的知识流动和扩散。最早提出区域创新系统概念的库克教授（1996），指出区域创新系统是企业及其他机构经由以根植性为特征的制度环境系统地从事交互学习，交互学习相当于知识通过各类行为主体通过交互作用形成的一种集体资产；区域系统的一个基本特征是存在将系统连接在一起的纽带，系统内的行为者经常性地相互作用。毫克尼斯（Hauknes，1999）认为区域创新系统是区域科学发展的新阶段，知识流已成为区域内和区域间能量交换和流动的主要形式。柳卸林等（2003）认为，区域创新系统的目的是推动区域内新技术或新知识的产生、流动、更新和转化[①]。三是揭示了区域创新系统的网络化特征。胡志坚和苏靖（1999）研究发现区域创新系统主要由参与技术开发和扩散的企业、大学和研究机构组成，并有市场中介服务组织广泛介入和政府适当参与的一个为创造、储备和转让知识、技能和新产品的相互作用的创新网络系统，潘德均（2001）提出区域创新系统是指某一地区创新部门和机构相互作用形成的创新网络。四是强调制度和政策的重要性。黄鲁成（2000）研究指出区域创新系统是指，在特定的经济区域内，各种与创新相联系的主体要素（创新机构和组织）、非主体要素（创新必需的物质条件）及协调各要素之间关系的制度和政策网络，强调了制度和政策在区域创新系统中的重要作用。五是研究了区域创新系统的内在结构。特林（Kaufmann，Todtling；2000）将区域创新系统划分为教育和研究系

---

① 柳卸林. 21 世纪的中国技术创新系统[M]. 北京：北京大学出版社，2000.

统、产业系统、创新环境以及政治系统四个部分。教育和研究系统是新知识和新技术的研发主体，产业系统是知识资本化的主体，创新环境主要由区域基础设施和制度环境构成，政治系统则是创新环境的塑造和改进者，创新环境与政治系统相互作用推动教育研究系统和产业系统的发展，促进创新。

区域创新网络是区域创新系统在知识经济条件下的进一步发展，从区域创新系统到与区域创新网络，实际上是知识经济发展的内在要求，知识生产的模式的转换，要求由不同的制度和组织形式与之适应，创新网络正是这样一种适应新知识生产模式的组织形式①。李兰冰(2008)认为，区域创新网络是指地方行为主体（企业、大学、研究机构、地方政府等组织及其个人）之间在长期正式或非正式的合作与交流关系的基础上，所形成的推动创新产生、传播、溢出和扩散的相对稳定系统②。高勇(2013)认为区域创新网络，是指在某一特定的经济区域内，同一产业或相关产业的企业与大学研究机构、政府、中介组织之间，凭借专业化分工和资源互补，为实现创新资源的有效利用和最优配置，在正式或非正式的基于创新的合作与交往过程中所建立起来的相对稳定、有利于创新的各种互动关系的总和③。区域创新网络的概念强调了以下几个方面的内容：一是区域创新体系具有网络结构。各创新主体为网络节点，节点间的联系是多维的、纵横交错的、纷繁复杂的。二是创新网络是一种新型创新组织，创新体系各主体之间相互依赖、相互促进，这种交互作用提高了创新效率。三是创新网络中的行为主体可以获得网络外其他行为主体所没有的竞争优势。

如果说区域创新系统和区域创新网络的研究深化了人们对区域创新活动和创新绩效的认识，具有较强的理论指导意义，那么创新生态系统概念的提出则具有较强的实践意义和政策指向性。创新生态系统强调创新主体的多样性，创新要素的流动性和循环性，创新系统的开放性、复杂性和演化性。

---

① 贾根良，刘辉锋. 自组织创新网络与科技管理的变革[J]. 天津社会科学，2003.

② 李兰冰. 区域创新网络的多层次发展动因与演进机制研究[J]. 科技进步与对策，2008(11).

③ 高勇. 区域创新网络：一种新兴的创新组织模式[J]. 商业经济研究，2013(26).

美国总统科技顾问委员会发表的报告《创新生态系统中的大学和私人部门研究伙伴关系》认为，创新生态系统包括从学术界、产业界、基金会、科学和经济组织到各级政府的一系列的行动者[①]。朱学彦(2014)认为创新生态系统是指一个区间内各种创新群落之间及与创新环境之间，通过物质流、能量流、信息流的联结传导，形成共生竞合、动态演化的开放、复杂系统[②]。何向武(2015)认为产业创新生态系统是指一个区域内或者跨区域的某个产业在相关物质条件和文化环境下的各种创新群落之间以及与创新环境之间，通过知识传播、技术扩散、信息循环，形成具有自适应与修复、学习与发展功能的开放复杂大系统[③]。创新生态系统的研究者认为，创新生态系统中不同行动者之间的交互作用处于变化中，新的政策和制度的变化可帮助系统以满足新需求的方式进行生长和发展，公共政策通过加强生态系统内各要素的联系来促进创新[④]。

区域产业技术创新系统是区域创新系统中的一个重要组成部分，不可从中剥离出来作单独的考察，同时区域创新系统理论同样适用于产业技术创新系统。张朝岩，高宏伟(2013)认为产业技术创新体系是产业内企业与上下游企业、高校和科研院所以及政府之间为配置创新资源，进行创新活动而形成的制度安排和关系网络，受历史知识积累、集聚和文化价值观念的影响，产业技术创新体系也带有地域性、本地化的特征[⑤]。杨西春(2015)认为，区域产业技术创新系统是指在一定地域范围内，参与和影响产业技术创新资源的配置及其利用效率的行为主体和要素、关系网络和运行机制的综合

---

① PCAST. University-Private sector research partner ships in the innovation ecosystem[R]. 2008.

② 朱学彦. 创新生态系统：动因、内涵与演化机制[C]. 第十届中国科技政策与管理学术年会论文集，2014.

③ 何向武，周文泳，尤建新. 产业创新生态系统的内涵、结构与功能[J]. 科技与经济，2015(4).

④ 曾国屏，苟尤钊，刘磊. 从“创新系统”到“创新生态系统”[J]. 科学学研究，2013.

⑤ 张朝岩，高宏伟. 产业技术创新体系本地化：基本内涵、关键因素及政策取向[J]. 科技进步与对策，2013(7).

体系，目标是提高特定产业创新能力，主要功能是推进区域产业关键、共性技术的开发（或引进、吸收消化）、生产、商业化和产业化[①]。

综上，我们认为，区域网络化产业技术创新系统是指，在某一特定的经济区域内，参与产业创新活动的企业、高校院所、金融机构、中介组织、政府部门等行为主体，为实现创新资源的有效利用和最优配置，通过发挥各自的优势、专业化分工及资源的互补，在正式或非正式的基于创新的合作与交往过程中所建立起来的相对稳定、有利于创新的网络化关系。

二、特征分析

通过对国内外区域网络化产业技术创新系统相关理论和实践的总结，可以得出区域网络化产业技术创新系统具有本地化与区域性、要素多样性、创新网络化、系统性、开放性五大特征。

1. 本地化与区域性

国内外学者对产业创新系统的本地化和区域性研究主要基于以下几种视角：一是认为产业竞争力来源于本地产业集聚和高度专业化的分工。如Porter(2010)指出，通过本地的产业集聚和竞争制度的安排，能促进企业之间的竞争、加速产业间的分工与协作[②]。二是认为本地产业之间的关联能够促进创新的产生。如 Malerba(1997，2002)指出，在产业集群内，由于供应商、制造商、大学等公共部门之间的互动，新知识在集群内产生和扩散，这种知识积累和溢出加强了产业间的技术关联度，而技术关联度的增强又加快了新知识的产生和扩散[③]。三是认为区域内的隐性知识对创新至关重要。

① 杨西春. 基于协同创新理论的区域产业技术创新系统研究[J]. 梧州学院学报，2015(2).

② Porterm. Location, competition, and economic development: local luster's in a global economy[J]. Economic Development Quarterly, 2000.

③ Breschi S, Malerba F. Sectoral innovation systems: technological regimes schumpeterian dynamics and spatial boundaries[M]. London: Pinter, 1997; Malerba F. Sectoral systems of innovation and production[J]. Research Policy, 2002.

如 Gertler Metal(1998)认为不易清晰和难以编码的隐性知识对创新至关重要，隐性知识难以远距离交换，而具有相同语言、文化价值观和规范的组织之间更能有效实现隐性知识的传播，由于具有共同价值观念和文化背景，区域性组织之间本地化的相互交流能够加速隐性知识的共享、交流和扩散，进而促进创新绩效的提升[①]。四是认为区域性的创新体系与国家创新体系存在功能定位的不同。如龚荒(2003)认为，国家创新体系处于宏观层次，强调基础研究、制度、政策、法律环境、基础设施建设、促进产学研合作等内容。区域创新体系处于中观层次，应以技术创新为主，并依据各自的自然条件、社会历史条件、经济发展水平和技术积累水平等形成自己的特色[②]。

2. 要素多样性

从产业技术创新系统包含的要素看，随着对创新系统认识的深化，很多一开始被忽略的要素逐渐被纳入产业技术创新系统分析框架之中。比如，早期的研究认为，产业技术创新系统由企业、政府部门、高等院校和研究机构构成，随后，经济合作与发展组织(OECD)的研究认为，中介机构也是产业技术创新系统的重要构成要素。库克(Cooke，Schienstock；2000)等研究认为，产业技术创新系统包括研究机构、大学、技术转移机构、商会或行业协会、银行、投资者、政府部门、个体企业以及企业网络和企业集群等。金融机构通常被作为一个独立要素被研究者所强调。还有的研究者认为，政府的经济政策和相关法律法规应被纳入产业技术创新系统之中，如胡志坚、苏靖(1999)认为，在市场经济体制下，政府的新兴经济政策和相关法律法规是构成产业技术创新系统的三大实体要素之一。也有学者将环境因素纳入产业技术创新系统中，如陈柳钦(2005)认为产业技术创新系统包括主体要素、功

---

① Gertler Metal, WOLFED. Dynamics of the regional innovation system in ontario[M]. Local and Regional Systems of Innovation. Amsterdam: Kluwer, 1998.

② 龚荒.关于区域创新体系中几个关系的界定[J].科技进步与对策,2003(3).

能要素、环境要素三大基本构成要素。随着信息化的普及和深化，以及平台经济的发展壮大，我们认为，用户和消费者群体也应被纳入产业技术创新系统之中。由此，可以认为产业技术创新系统应包括企业、政府、高校及科研机构、中介机构、金融机构等主体要素和经济创新制度、法律法规、基础设施、消费群体、人力资源等环境要素。

3. 创新网络化

自熊彼特于1912年提出创新概念以来，学者对技术创新过程的描述经过了五代模型。第一代模型是线性模型，该模型认为技术创新是由前一环节依次向后一环节推进的过程。认为技术创新要么是需求拉动，要么是技术驱动，要么是需求和技术共同推动。第二代模型是交互作用模型，该模型主要解决了第一代线性模型创新的激发过程过于绝对化的问题。认为技术创新是由技术和市场共同作用引发的，同时，创新过程中各环节之间及创新与市场需求和技术进展之间还存在交互作用的关系。第三代模型是由克莱因和罗森堡于1986年提出的链环模型，这一模型侧重于对创新过程的描述，它将技术创新活动与现有知识存量和基础性研究联系起来，同时又将创新各环节之间的多重反馈关系表达出来。第四代模型是并行模型，该模型将技术创新过程看做同时涉及创新构思、R&D、设计、制造、营销的并行过程，强调技术创新相关职能部门与供应商、用户之间的沟通和合作。第五代模型是网络化模型①，该模型强调，企业的技术创新已经不单单是企业内部的问题，而是整个社会创新网络的问题。企业的创新已不仅仅局限于内部的生产、销售等诸多环节，而是包括与供应商、客商甚至竞争对手之间开展交流与合作。也不仅仅存在于正式的研究与开发活动，还可能发生在生产实践过程中的各个环节中，发生在企业与其供应商、客商和合作伙伴的交流协作过程中。网络化模型强调产业技术创新系统中的各创新成员都具有特殊

---

① 吴贵生，王毅. 技术创新管理[M]. 北京：清华大学出版社，2009.

的重要性。

4. 系统性

钱学森认为，系统就是由许多部分所组成的整体。系统具有包括“边界”的概念，边界的内部是多种要素构成的各部分，边界的外部是多种条件构成的环境。系统中的各部分也具有系统结构，作为系统的部分又称为“子系统”。系统也包含着“组织”的或“相互作用”的概念，系统内部各要素不应当是离散的，相互无关的，而是“相互作用的部分的复合体”。系统的组织化程度即是一种有序性，有序性越高，系统越复杂，越高级。系统包含“动态”的概念，一切系统都是开放的系统，是不断流动和代谢过程中的相对稳定状态①。产业技术创新系统中，某一项技术和产品的创新，不仅仅是创新者本身受益，创新的技术和知识还可以通过各个企业之间的模仿或集体学习等方式在网络中迅速扩散，从而增加区域内知识、技术的不断累积，促进另一项技术和产品的创新和发展。产业技术创新的系统性越强，创新的自我调节和自我完善功能也就越强。即使由于外部不确定性和创新复杂性，导致了系统中的单个企业或少数企业失败、破产，也不会影响到整体网络系统的发展与创新②。

5. 开放性

产业技术创新系统不是一个封闭的系统，而是一个面向外界环境的开放系统。系统内各个行为主体相互作用、相互协作，并且各行为主体之间的联接不仅仅局限于本地区域内，而是在区域外寻找更多的合作伙伴，不断扩大外部的创新资源，通过区际劳动力、技术和资金等生产要素的流动和交换，获得远距离的知识和互补性的资源、资产，并不断向外部开辟新的市场。本地网络的外部联接主要取决于世界范围内的金融、技术与市场的关系。

---

① 钱学森. 现代科学技术与技术政策[M]. 北京：中共中央党校出版社，1991.

② 高勇. 区域创新网络：一种新兴的创新组织模式[J]. 商业经济研究，2013(26).

特别是在经济全球化趋势和信息技术迅猛发展等外部力量的推动下，区内各行为主体的创新行为和发展模式也发生了变化。区域已不可能有任何的封闭趋势，而将创新网络的联接范围锁定在区域内部，即使是出于行为主体的技术知识产权和企业发展的安全考虑，区外的网络联接不断加强的趋势也不可阻挡。在某种程度上，区域产业技术创新的功能，越来越依赖于区域与外部全球层面的知识、信息交流。实际上，区域产业技术创新网络中的行为主体的区外联接，可以在更广范围内实现资源的优化配置，实现企业发展的最优选择。而且，区域外新技术和新产品的引入，也加快了区域内创新的步伐和增值过程[①]。

① 盖文启.创新网络——区域经济发展新思维[M].北京:北京大学出版社,2002.

第二节　构成要素分析

要素是指构成一个客观事物的存在并维持其运动的必要的最小单位，是构成事物必不可少的因素，又是组成系统的基本单元，是系统产生、变化、发展的动因。根据国内外学者对产业技术创新系统构成要素的研究，可以将区域网络化产业技术创新系统构成要素分为三大类：主体要素、平台要素和环境要素。主体要素指的是区域活动中参与创新的主体，主要包括企业、大学、科研机构、政府、中介及金融机构。平台要素指的是联接各创新主体、基础设施、信息资源的网络节点，包括科技成果转化和孵化平台、知识创新协同联盟与研究资源共享平台、产学研合作平台。环境要素是指影响产业技术创新活动并对产业创新能力培育提供保障和支撑的要素，包括硬环境和软环境，硬环境主要指由先天条件构成的自然环境、资源环境等，软环境主要指制度、政策、法律法规、市场和文化等，本研究主要探讨软环境的作用。

一、主体要素

创新主体要素是指一定区域范围内直接或间接参与创新过程的机构和组织，这些机构和组织通过各自的利益诉求和分工协作，形成了一个相互连接和相互作用的创新网络。创新主体要素主要包括企业、大学、科研机构、政府、中介组织及金融机构，其中企业和大学等是直接创新要素，政府、中介组织、金融机构是间接创新要素。

1. 企业

在区域网络化产业技术创新系统中，企业是最为核心的要素，企业也是多元的，包括生产商、供应商、销售商、竞争者等主要应用创新的协作主体，这些企业的创新能力共同决定了区域产业技术创新能力。区域内企业的数量、规模、运行、成长和创新能力直接决定了区域网络化产业技术创新系统的综合实力和竞争力。企业是市场活动最直接的参与者，对市场信息反映最灵敏，能够从市场需求变化中产生创新灵感和创新意愿，企业更易将科研成果转化为现实生产力，企业是技术创新的主体。企业不仅是技术创新的主体，还是研究开发投入、创新利益分配、管理机制创新、经营机制创新、激励机制创新的主体，企业之间通过资源整合和组织学习形成互补优势，以知识流动和资源流动为依托，构成共享利益、共担风险的网络结构。企业还是企业文化、创新观念和创新氛围形成和营造的主体，通过相关的职业培训、文化活动和价值导向使员工自觉形成一定的价值准则、创新的共同信念和企业凝聚力。

2. 大学

在区域网络化产业技术创新系统中，大学是知识创新的主体。大学的功能主要是发现创造新知识、传播扩散知识、培养创新人才。大学所起的作用就是把人类对自然界进行基础研究和应用基础研究中所获得的新现象、新规律、新原理扩散与传播到需要它的技术创新系统中去，从而启发并产生新产品、新工艺、新产业领域。大学还可以作为企业技术创新的支持者，或受企业委托，利用世界前沿的技术设备和科研团队完成技术攻关，实现创新。大学通过培养创新人才、提供新思想、新知识和创新技术，进行劳动力和知识等生产要素的再生产，提高人才的附加价值，为产业技术创新源源不断地提供知识和人才。大学中浓郁的科研氛围、学术气息、创新理念和积极向上的学习态度、人文环境，有利于培育区域创新文化，引领社会风潮，推动科技创新和文化创新。

3. 科研机构

在区域网络化产业技术创新系统中，如果说大学是知识创新的源头，侧重基础研究，科研院所则是产业技术发展的先行军，侧重应用研究。与大学相比较，科研机构更贴近市场和产业实际，与企业比较，科研机构更重视行业共性技术、先导技术、竞争前技术的研究和开发。科研机构是引领产业技术发展的一股战略力量。科研机构负有与产业界进行技术合作，以及向产业界进行技术转移的职责，并且通常是由政府提供全部或大部分经费的非营利研发机构。他们以知识创新转化为竞争前技术、通过集成创新发展产业共性技术、推动产业发展为使命；以成为产学研联盟的“纽带”和“桥梁”为功能定位；以提供产业共性技术和新兴产业催生所需的先导技术为主要产出。同时，科研机构也为企业提供技术创新支持，为政府提供决策咨询，为行业培养创新型人才。

4. 政府

政府是间接创新要素，不直接参与到创新过程中去，是创新的支持者、辅助者和推动者，通过一系列相关政策法规的制定引导、激励、保护、协调和约束创新。在市场经济中，政府可以通过政策导向“自上而下”地建立区域网络化产业技术创新系统，为区域创新系统的构建提供直接资金支持、税收减免和园区房租优惠等间接资金支持，营造良好的创新氛围吸引人力资本，进行地方立法和创新立法激励、保障园区的创新。政府还可以作为企业和科研机构联接的桥梁，为研究机构科技成果转化为生产力提供途径，辅助企业开拓市场，为创新成果的扩散、运用和市场化保驾护航。在宏观上，政府可以为企业提供持久有效的创新激励环境，弥补市场化运行过程中信息不对称和市场失灵的问题，调节市场资源配置，并为企业提供良好的交通、通讯和相关基础设施；在微观上，政府引导企业创新方向，规范企业行为，促进企业间良性竞争，为企业技术攻关和可持续成长提供辅助支持①。

5. 中介组织

中介组织是区域创新的辅助要素，是辅助企业、大学和研究机构进行技术创新的主体要素。技术创新是一个涉及科技与市场经济的复杂过程。在市场经济条件下，企业将新知识和新技术转化为生产力的过程中，难免遇到

---

① 付淳宇. 区域创新系统理论研究[D]. 长春：吉林大学博士学位论文，2015.

所收信息不完全、市场失灵和获得信息迟缓等问题。中介组织就是将企业与企业、企业与市场相关联的关键。中介组织主要包括区域内的各种行业协会、商会、创业服务中心、产权转让、律师事务所、会计师事务所等组织机构，中介组织将市场信息进行整理、加工，并对企业发布，使企业在创新过程中可以获得较为全面的信息，提高企业的信息获取能力、融资能力和成果转化能力，促进新知识和新技术的传播与扩散。中介机构的创新功能体现为以专业知识和专业技术为基础的服务创新，其创新效能在经济发达的地区能得到更好的发挥，可以有效促进地区内创新速度的提升、创新规模的扩大和创新效益的提高。

6. 金融机构

金融是在时间和空间两个维度上转移和配置资源的活动。通过合理定价和有效配置，金融资源从成长性差的落后领域流向成长性相对较强的先进领域，推动产业的创新和成长。早在1912年，美国哈佛大学的奥地利经济学家约瑟夫·熊彼特在《经济发展理论》一书中提出，现代工业体系只有依靠创新才能建立，而信贷对于实现创新又是至关重要的，也就是说金融在推动创新和科技产业化方面具有重要作用[①]。金融机构是重要的创新辅助主体，主要包括创新基金、风险投资机构、商业银行及证券市场等，为创新系统提供创新资本并分担风险，推动区域产业创新的进程。金融机构对企业、大学、科研机构等创新活动的具体实施者提供资金支持，不仅为科技成果拥有者进行研发、小试、中试等环节提供贷款，而且为科技成果转化到生产领域的过程给予资金支持，同时为部分有能力进行上市的企业提供投融资服务，分散企业资金风险。

二、平台要素

作为区域网络化产业技术创新系统的重要节点，创新平台是支撑区域

① [美]约瑟夫·熊彼特.经济发展理论[M].孔伟艳，译.北京：北京出版社，2000.

创新活动的主要载体和重要力量，区域网络化产业技术创新系统的平台主要包括：科技成果转化和孵化平台、知识创新协同联盟与研究资源共享平台、产学研合作平台①。

1. 科技成果转化和孵化平台

科技成果转化和孵化平台大致可分为四种形式：一是联合共建创新载体。联合建设一批研究院、工程技术研发中心、重点实验室、中试基地、生产力促进中心或区域创新服务中心和博士后流动站等各类研发机构和科技中介服务机构。二是联合共建技术交易平台。联合共建一些技术市场和技术产权交易平台，联合举办各类科技研讨交流会议、科技成果会展。三是共同研究确定区域经济社会发展的重大科技攻关专项，开展联合攻关。联合组织推进重大科技成果转化和高新技术产业化。四是创建科技园、科技企业孵化器等科技成果转化基地。

2. 知识创新协同联盟与研究资源共享平台

通过促进区域内科研机构与高校有机结合构建知识创新协同联盟与资源共享平台，整合科研机构和高等院校的科技资源，可以提高创新效率，促进区域整体科技创新竞争力。研究资源共享平台，一方面通过整合各地区数据资源，以区域基础科学数据共享中心和科学数据网建设为龙头，启动科学数据共享平台建设。通过对重大科学装置、数据观测网络、科技信息系统、技术支撑体系等资源进行整合，形成若干大型科技资源共享平台，面向各级企业、高校、科研机构、政府等提供一站式数据服务；另一方面推进科技资源相互开放共享，推动重点实验室、中试基地、技术标准检测机构、科技信息机构等相互开放，联合共建科技教育信息网、高技术信息库等，实现联网共享。

3. 产学研合作平台

产学研合作是区域网络化产业技术创新系统中的重要一环，产学研合

---

① 庞瑞芝，周密，丁明磊，等. 区域创新网络与产业发展研究[M]. 北京：经济科学出版社，2013.

作平台以市场为纽带，充分发挥企业、高等院校、科研机构的各自优势，实现优势互补、信息共享与利益共享，形成以企业为主体，高等院校、科研机构为依托，以市场为导向，由政府推动，形成优势互补、互惠互利、整体规划、有序推进的格局。集成化的产学研合作体制建立起包括高等院校、科研机构在内的各种产学研紧密互动的战略联盟和技术联盟，形成以科技进步和创新为基础的竞争优势，通过全方位、多渠道拓宽自主创新领域，做到技术引进、消化吸收与自主开发相结合，最终实现由技术引进为主向自主开发为主的转变，实现产学研的一体化，带动产业技术进步和产业结构升级。

三、环境要素

环境要素①是指影响产业技术创新活动并对产业创新能力培育提供保障和支撑的要素，包括硬环境和软环境，硬环境主要指由先天条件构成的自然环境、资源环境等，软环境主要指制度、政策、法律法规和文化等，本研究主要探讨软环境的作用。良好的创新环境有利于新企业突破传统结构造成的生存障碍，促进能够成功适应市场的新进入者获得良好绩效，淘汰那些不能够适应的新进入者。创新环境是区域内创新活动顺利展开的保障，是区域网络化产业技术创新系统健康运行的前提条件。

1. 制度

制度是在区域网络化产业技术创新系统发展过程中形成的正式制度和非正式制度，正式制度包括创新政策、风险投资制度、分配制度、知识产权制度、区域科研制度、激励制度、知识贸易制度等为激励创新和减少交易费用的制度安排。非正式制度包括思想体系、价值观念、生活禁忌、文化传统、民间习俗等。经济制度、科技体制和法律法规是最为重要的三个制度要素。经济制度是区域网络化产业技术创新系统运行的基础，是规范经济行为的基本制度，为区域创新活动提供了特定的运行空间。良好的经济制度可以

---

① 付淳宇. 区域创新系统理论研究[D]. 长春：吉林大学博士学位论文，2015.

优化资源配置方式，提高资源的配置效率。科技制度是区域网络化产业技术创新系统运行的重要动力引擎之一，是促进创新活动发生的重要制度，为区域创新系统的良好运行提供了保障。完善的科技制度有利于推动区域创新系统的演化与运行，促进产学研合作、企业技术联盟和厂商用户联系，并推动技术转移中心、生产力促进中心、交易市场等中介组织的发展建设。成熟规范的法律法规是维护区域创新系统健康运行的有力保障，是为知识产权、创新成果提供相关法律保障，避免创新主体承担不必要风险，维护市场公平竞争和促进生产要素自由流动的必要措施，可以有效维护创新主体的创新收益，保持企业创新动力和创新主体间利益平衡，刺激创新。

2. 政策

区域创新政策是区域网络化产业技术创新系统构建的直接影响因素，主要包括经济政策、科技政策、教育政策等。在构建运行区域网络化产业技术创新系统过程中，各地区政府首先需要科学规划发展战略，构建良性运行机制，营造公正公平的市场环境，拓展产业未来发展空间；其次要加大金融支持力度，建设多层次资本市场体系，降低新创企业投资风险，提高企业存活率；再次要改革传统教育模式，多途径开发创新人才，提高创新型人才的创新精神和创新能力；最后要鼓励合作关系，让技术商业化，促进新技术与市场机遇相联系，解决市场失灵问题。通过出台各种配套优惠政策，把发展创新产业作为各地区推进文化建设、促进经济结构调整、增强综合竞争力的一个重要抓手。总体上，促进创新活动发展的政策措施可分为三类：第一类是创新活动、创新产品的激励与保护政策，包括建立健全保护创新回报政策及其相关法律法规，构建并完善创新人才培养与培训体系，设立奖励机制，减免个人所得税等。第二类是扶持创新经济发展的财税融资政策，包括政府提供专项资金或权益类资金支持，政府设立专门类基金，税收减免和税收优惠等。第三类是创新活动发展的商业支持与服务政策，包括组建商业或企业中心，搭建公共服务支持平台，构建创新网络。这些公共政策的主要目标是根据各地区特色，明确区域创新系统的发展方向，制定符合其实际情况的发展规划，营造创意氛围，创造创新环境；聚集高智力资源，吸引并形成创新阶层，促进创新活动的发生；打造商业支持服务平台，架起信息资源交换平台，提高创新研究成果转化率；推动创新活动的持续供给，扩大产业化规模。

3. 文化

文化环境是影响区域创新系统运行与发展的最深层次的要素，主要通过潜移默化，从精神层面影响创新行为的主体——人才，促进创新。创新文化的形成除了依靠政府政策引导、组织单位培养，更重要的是在教育培训中形成人对知识的尊重和对创新的兴趣。人才是区域创新系统的核心要素，人才培养是技术创新和创新氛围的关键。地区教育水平决定了从业人员的文化素养和专业技能，地区教育水平越高，创新能力越强，文化氛围越浓郁，区域核心竞争力越大。教育对区域创新系统的作用主要体现在人才的培养、促进创新主体间互动、提高知识的扩散和外溢速度，促进显性知识和隐性知识的双向流动，形成知识集聚，有利于地区和企业创新氛围的营造。

制度、政策、市场和文化为区域创新系统微观主体创新发展、宏观主体成长壮大提供了强有力的支持，是创新环境的核心部分。这三种要素互相影响、共同作用，其中以基础设施为条件、制度要素为支撑、资源特别是人力资本资源为核心、执行机构为载体，来推动区域创新系统的运行，许多国家和地区都把建设良好的创新环境作为鼓励区域创新系统发展的重要举措。

第三节　系统结构分析

综合国内外学者的研究，可以将区域网络化产业技术创新系统分为三个大层次和四个子网络。第一个大层次是核心层，包括企业、高校与科研机构，以企业为核心。第二个大层次是辅助层，包括政府、中介组织、金融机构和用户等。第三个大层次是保障层，主要包括：经济与产业环境、市场环境、科技资源环境、社会文化环境、教育环境、政策环境、法律环境等。这三个大层次又由四个子网络构成。第一个子网络是生产网络，生产网络是由专业化企业与其他企业联接而形成的系统，由供应商、竞争企业、客户和相关企业等组成。第二个子网络是核心创新网络，由各类创新生产者组成，包括研发型的企业、高校院所、各类科研机构等。生产网络和核心创新网络共同构成核心层。第三个子网络是创新支持网络，由政府、中介组织、金融机构、用户群体等组成，为核心层的创新主体提供创新的基础和条件。第四个子网络是创新环境网络，包括土地、建筑、公共设施等硬环境和市场、政策、教育、管理、文化等软环境。四个子网络之间相互作用构成区域网络化产业技术创新系统。系统的结构图如下：

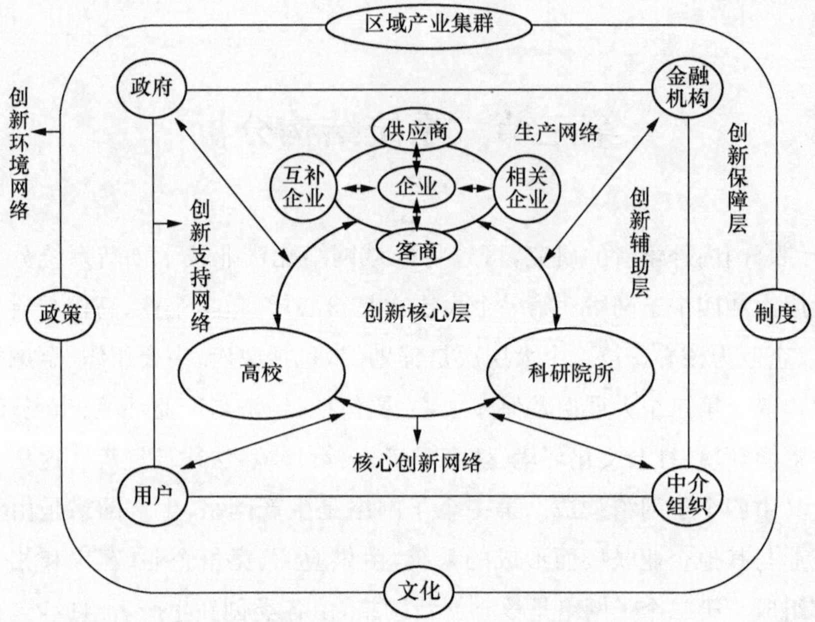

图 2.1　区域网络化产业技术创新系统结构图

一、生产网络

生产网络是由专业化企业与其他企业联接而形成的系统，由供应商、竞争企业、客户和相关企业等组成，它们之间通过知识流、创新价值链、竞争合作等模式实现互动。根据创新主体间的联结模式不同，生产网络系统主体间的联结主要有垂直网络关系（如供应商—用户关系）和水平网络关系（如竞争合作与互动）。垂直网络关系主要指供应商、生产企业和下游的客户之间基于共同的利益关系（反馈关系）等形成的关系网络。水平网络关系主要指区内合作与竞争生产者之间基于产品互补及替代关系，特别是创新价值的实现，而形成的关系网络。垂直网络关系和水平网络关系是相互作用的，共同构成区域网络化产业技术创新系统的核心价值系统，为不同主体提供了一个互动学习和创新的平台。在生产网络中，企业与企业之间的关系，不仅仅体现在产业上的合作，而是作为投资物品和服务，消费者和工人，通过商品、个人关系以及信息流动的网络联接。一些中小企业不仅仅依靠企业的经济网络，而且依靠家庭和社会的网络，有时是私人网络。企业家是企业之间结网的主体力量，在企业的创新和发展中，存在多方面的网络联接和创新，每一网络联接中的创新成功与否，都与企业家的决策有关。企业内部，企业家与各阶层员工保持良好的个人关系，及时地交流在生产和研究开发过程中的信息、知识等，协调各部门的力量，促进企业创新文化的形成，在企业的外部网络联接过程中，企业家通过与供应商、客商建立起亲密的合作关系，活化了企业外部创新的潜在资源。

二、核心创新网络

核心创新网络是由各类创新生产者组成的网络系统，创新生产者主要指产业技术创新系统中进行创新成果生产的主体，是指创新技术相关知识的发明者，包括研发型的企业、高校院所、各类科研机构等。核心创新网络又包括科学研究网络和技术开发网络。科学研究网络是以高校和研究机构为主体的子网络，该网络在整个国家创新体系中具有基础性作用，其主要职能是为整个创新网络提供创新基础和知识供应。该网络包括高等院校、政府实验室、工业实验室和非营利机构，网络中的各个主体之间进行着各种各样的合作，主要进行基础科学技术的研究和开发。高校是知识创新、传播和应用的主要基地，处于产业技术创新生态系统的上游，是创新活动的智力资源的提供者和利益分享者，以技术创新的设计为己任，不断地为企业、社会提供创新成果。产业技术创新生态系统内，高校和科研机构的创新能力是系统技术创新能力的直接反映。它们通过与企业种群的合作，推动技术创新成果的转化，实现技术创新成果的商业化和产业化。重点高校和实力雄厚的科研院所是主要创新源，是发展知识经济、高新技术产业的重要策源地。研发型企业是技术开发网络的主体，技术开发网络是将科学研究的成果经过进一步的创新运用到产品中去，实现产品化、商品化的过程。技术开发网络就是实现将科学研究成果运用到企业的生产过程中的网络。

三、创新支持网络

创新支持网络由政府、中介组织、金融机构、用户群体等组成，为核心创新网络中主体的创新活动提供基础和条件，直接或间接地参与到创新活动中去。它们为企业技术创新起着提供人才、知识、资本及联接纽带的作用，以及创新信息的交流和组织内部的创新活动的协调作用，从而构成区域创新网络的一个支持网络系统。政府虽不直接参与创新，但可以通过制定一系列的税收、金融等政策措施或法律制度，构造一个有效持久的创新激励环境。政府一般从三个方面促进企业创新：通过提供技术和需求预测、财政引导等方式引进企业创新的方向；资助中介组织，以使其更好地为中小企业提供服务和信息；设立专门基金，促进中小企业分担风险。中介组织在产业技术创新生态系统中起着催化剂和黏合剂的作用，在促进创新主体间、创新主体与市场间的创新成果的产生、转移、扩散和反馈过程中起着纽带和桥梁作用。中介组织通过汇聚分散于政府、高校及科研机构、金融机构、企业等相关主体中的创新政策、信息和资源等，实现创新在产业内的传播。金融机构一般包括区域内的国有银行、地方商业银行、各种形式的基金组织以及借贷资本机构、风险投资机构等。这些金融机构可通过贷款、投资等方式有效地促进新企业的诞生和成长、支持高校和企业进行研究和开发、促进企业规模的扩张。用户是创新的需求者和创新成果的应用者，是产业内企业技术创新的原动力，在区域产业技术创新系统中扮演消费者的角色，引导企业的创新行为。用户对创新产品应用的反馈信息，是企业持续进行技术创新的依据。

四、创新环境网络

创新环境网络是通过文化、传统（信任、惯例）和市场关系等观念深刻地影响区域企业及个人的网络创新活动。包括硬环境和软环境，硬环境包括土地、建筑、公共设施等。软环境是人为因素造成的，而非自然形成的，具有社会性，主要包括制度、政策、市场、文化等方面，它们时时刻刻都共同影响着产业创新生态系统的运行和发展。其中制度安排是为了有效刺激创新主体进行创新活动，促进知识在系统内的扩散和外溢，提高系统创新绩效。在宏观层面，政府是正式制度的主要行为人，为企业、高校、研究机构等创新主体和中介组织、金融机构等辅助性机构创造良好的创新环境，建立健全符合现代市场经济要求的市场制度，实现创新资源的优化配置。在微观层面，企业是正式和非正式制度的主要行为人，为各行为主体间的联系建立有利于节约交易成本的交流渠道和合作平台，实现企业内外部资源的合理利用。制度环境主要通过减少创新不确定性、影响系统运行机制和决定创新主体功能定位对区域产业技术创新系统发生作用。政策的主要目标是根据各地区特色，明确区域创新系统的发展方向，制定符合其实际情况的发展规划，营造创意氛围，创造创新环境；聚集高智力资源，吸引并形成创新阶层，促进创新活动的发生；打造商业支持服务平台，架起信息资源交换平台，提高创新研究成果转化率；推动创新活动的持续供给，扩大产业化规模。市场环境主要包括产品市场、资本市场、技术市场、信息市场、劳动力市场等。市场环境的成熟度决定着区域产业技术创新系统要素流动的速度和创新活动的效率。文化环境是影响区域产业技术创新系统运行与发展的最深层次的要素，主要通过潜移默化，从精神层面影响创新行为的主体即人才，促进创新。

综上，区域网络化产业技术创新系统是一个复杂的创新系统，创新核心层、创新辅助层、创新保障层及其组成要素尽管各自独立存在，但是各创新层次之间、创新要素之间具有内在的互动关联，必须打破单个创新主体（要素）的组织边界，发挥各自的能力优势，整合互补性资源，实现各方的优势、资源互补协同，形成以企业、高校、科研院所等主体为核心，以政府、金融、中介服务等有关主体为辅助，以区域经济与产业环境、市场环境、科技资源环境、社会文化教育环境、政策与法律环境为保障的多层次、多元主体间互动协同的创新系统，才能提高区域产业技术创新能力的核心竞争力。这三层子系统之间是相互耦合和相互增强的。辅助系统为核心系统提供人才、创新源、资金及合作等,高校与科研机构科研实力越强,科研成果越多,以及中介组织的纽带作用有效发挥,就会给企业创新带来莫大的支持;反之,企业发展越好,企业知识、技术水平越高,就能对高校等形成反哺作用,增强其把握市场的能力。环境系统与核心系统和辅助系统的关系也是如此,核心系统和辅助系统深深根植于本地的文化环境中,适宜创新和发展的环境有利于吸引人才,促进创新活动;反之,企业发展得好,可以提供足够的资金来改善环境,高校的发展也会为环境注入源源不断的文化力及渗透力。区域网络化产业技术创新系统四个网络之间的关系如下:生产网络处于整个创新系统的中心地位,所有的创新最终都必须通过生产网络实现市场化。创新核心网络处于整个创新系统的核心地位,通过知识创新、技术创新、商业模式创新、组织管理创新实现区域产业的创新发展。创新支持网络通过为核心网络系统提供新思想、新知识、人才、资金以及技术成果转让和技术扩散的方式来推动核心网络系统的创新活动或与之合作创新。创新环境网络系统或通过各种政策法律制度为支持系统和核心系统营造适宜的创新和居住环境,或直接通过有关规制的建设,或通过其他间接的作用方式,影响着核心系统的行为和相互联结方式。

第三章 区域网络化产业技术创新系统国内外经验借鉴

第一节 美国国家制造业创新网络建设经验及启示

为确保美国在先进制造领域的全球领先地位,美国政府于 2012 年启动国家制造业创新网络计划(NNMI)。NNMI 计划的愿景是确保美国在全球先进制造领域的领导地位,使命是连接人、思想和技术,解决先进制造产业面临的挑战,增强美国产业竞争力,确保经济增长,加强国家安全。美国国家制造业创新网络计划是一项宏大的工程,将对美国制造业带来深远影响,其创新理念、制度设计、运行机制可为区域网络化产业技术创新系统建设提供很好的经验借鉴。

一、建设概况

早在 20 世纪 80 年代,美国制造业就开始出现了衰退的迹象,其主要表现为:先进制造就业人口在总就业人口中所占比重逐步下降,伴随着研发活动向海外转移国内的制造能力也呈现下降态势,高技术产品出口占全球的份额也呈下降态势。2008 年国际金融危机之后,美国实体经济再遭重创,在此背景下,美国开始重新重视实体经济,谋求制造业的复兴。2012 年 3 月,美国总统奥巴马提议建立“美国国家制造业创新网络计划(NNMI)”,通过组建各领域的制造业创新中心，建立起全国性的制造业领域的政产学研协同创新网络，重塑适应新一轮科技革命和产业变革的产业技术研发体系，缩短从科研到产业化的时间周期。美国最初计划投资 10 亿美元建设 15 个区域性制造业创新研究所，随后奥巴马总统又提出在未来十年将建设 45 家制造业创新中心的宏伟目标。美国国家创新网络计划的主要宗旨有：(1) 目标在于提升美国制造业的竞争力；(2) 将技术转化为制造能力的提升，并创造广泛的商业价值；(3) 加速先进制造劳动力的开发；(4) 构建有效的运行机制确保可持续发展。目前已建成 9 家，如表 3.1 所示。

表 3.1　美国 NNMI 计划已建创新中心(技术领域)一览表

序号	创新中心名称
1	美国增材制造创新中心
2	数字化制造与设计创新中心
3	未来轻量制造创新中心
4	美国合成光电制造创新中心
5	美国柔性混合电子制造中心
6	电力美国和先进复合材料制造创新中心
7	革命性的纤维和纺织品创新中心
8	宽禁带半导体电子创新中心
9	智能制造创新中心

二、主要特征及运作模式

1. 聚焦先进制造主要环节

推动国家优先领域取得突破是《美国国家创新新战略》的重要内容，进入 21 世纪以来，美国重点关注的领域主要有：能源、生物技术和纳米技术、空间技术、医疗保健和教育。在新一轮科技革命和产业变革新的背景和形势下，美国国家制造业创新网络计划已建 9 个制造业创新中心，特别关注于生产制造的各个环节，包括工艺、材料、效率、性能、质量等。

表 3.2　美国制造业创新中心聚焦的主要制造环节

重点领域	关键技术
制造过程及加工工艺的开发	主要涉及能有效降低生产成本的增材制造领域，如标准的细化、材料及设备的制造以及先进聚合物加工工艺等。
先进材料的低成本生产方法研究	发展轻型材料的低成本生产方法，如低成本的碳纤维复合材料、大型太阳能发电、下一代集成电路所需新型材料的研发。
使能技术的研制和开发	应用“大数据”，提高生产效率、优化供应链、减少能源、水和材料的应用。将低成本传感器有效应用到制造工艺的智能制造基础设施和关键技术研究。
工业环节研究	如改善医疗设备或材料的生产过程，来提高药品、化学品的安全性和质量，创造新的工具以优化生产过程、控制成本支出，以及下一代汽车或航空航天制造工艺技术研究等。

2. 致力于加快先进制造技术成果转化

美国制造业创新中心扮演着技术“孵化器”的角色，其最重要的使命和职能是加速先进制造技术成果的转化和产业渗透，为美国制造企业提供经过验证的先进制造技术和应用示范，促进前沿创新技术向规模化、经济高效的美国制造能力转化。各个创新中心通过开展先进制造技术的应用性研究、试验性开发、商品化试制，把实验室环境下的技术能力转化为产业环境下的生产能力，将生产企业转化和应用新技术的风险与成本降到最低，使得先进制造技术成果能够被快速推广到产业界，最终提升美国制造业的竞争力。首先，创新中心承担了先进技术的应用研究任务，弥补了创新链中从基础研究到商品化的关键一环。同时，创新中心也积极参与商品化环节，在其能力范围内形成新技术应用的原型样机，使企业能低风险、低成本、高效率地从试验性应用快速过渡到规模化生产。其次，为企业提供各种专业服务，提升企业承接先进技术的能力，包括提供新技术应用的信息、咨询、设备和培训等各类配套服务，提供与其他会员共同技术开发的合作，促进大中小及初创企业之间的战略合作和经验分享。

3. 公私合营的商业化运作模式

创新中心初期由政府和会员共同出资，逐渐过渡到自我发展。创新中心由联邦政府和私有部门按照1∶1比例共同出资筹建，形成一个5—7年的合资计划，以逐年递减的形式投入。在5—7年后脱离联邦财政，实现资金上的完全独立和自我发展。在治理模式上，实行以董事会为核心的商业治理模式。尽管美国联邦机构主导了各个创新中心的技术领域定位、建立和初步融资，但并不直接领导和干预创新中心的运作。创新中心的日常管理一般交由一个独立的非营利组织，要求该非营利组织必须是美国本土的机构。创新中心设董事会，负责中心重大事项的决策。

4. 全过程开发的项目运作机制

制造业创新中心参与研究开发项目的全过程管理。创新中心从制定技术转化路线图，到对领域内先进制造技术进行甄别，最终到将该技术转化为可规模化生产的产品，每一个环节都会参与其中。首先，创新中心通过定期举办各方成员参与的研讨会，甄别出各种为产业界所需、且具有较高转化价值的先进制造技术和工艺，并制定出相应的研究与开发计划。其次，针对所甄别的技术领域，创新中心发起项目动议，向各个合作成员机构征集研发提案。研发提案要求包含两个核心内容：研发计划和筹资计划。最后，创新中心通过招标，公平竞争选出最优方案，并给予相应的资金资助。所选定的项目进入技术开发和转化阶段后，创新中心会组织更多会员资源，为其提供所需的智力、材料、设施、试验场地、生产车间等资源。高校和科研机构主要是提供智力支持，为技术孵化建言献策。

三、重要启示

1. 构建更广泛的政产学研创新综合体

美国制造业创新中心的一个显著特征是按照创新网络的要求，最广泛地吸纳政、产、学、研各创新主体要素参与其中，发挥各自最大优长，让更多成员能够享受到创新的收益。在具体的运作中,创新研究所采用政府、产业界(制造业企业、行业联盟与协会)、学术界(高等院校、社区学院、国家重点实验室)以及非营利组织联合治理模式,以董事会的形式进行管理。该董事会由业界代表组成,创新研究所领导作为执行董事,负责研究所的日常运作。大量中小企业参与到创新网络中去,创新中心组建时,要求必须有较大数量的中小企业参与,譬如美国制造业创新网络 150 个会员中,就有 1/3 是中小企业。

2. 构建富有活力的创新生态系统

创新中心通过设置适用于各类机构的多层次会员制度,将政府部门、大中小企业、行业联盟与协会、高等院校、社区学院、国家重点实验室以及非营利组织等纳为会员,构建了一个以特定先进制造技术为基础、“政产学研”共同参与的创新生态系统,使得创新技术甄别、技术路线选择等更能贴近产业需求,见下图。强化系统内各会员单位的共享合作。各创新中心都制定了

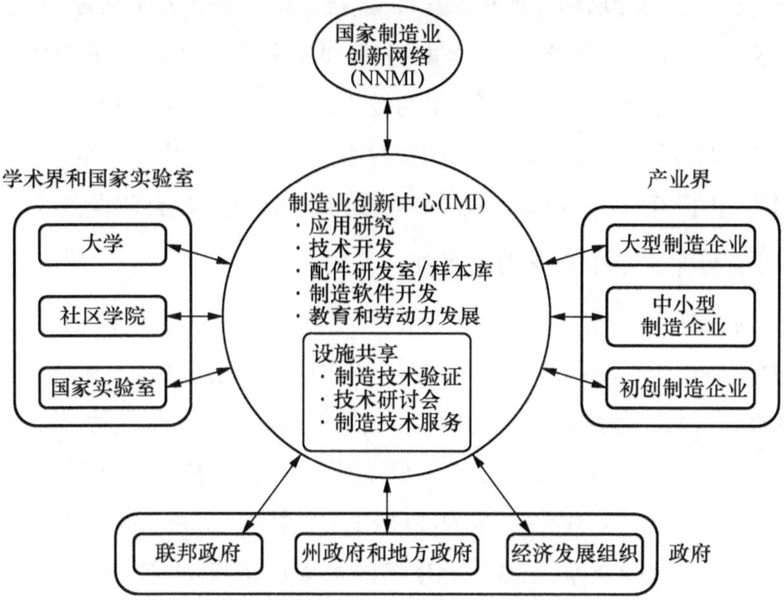

图 3.1　美国国家制造业创新网络生态系统

资料来源:国务院发展研究中心企业研究所“激发创新主体的活力”课题组《美国制造业创新中心的运作模式与启示》

知识产权保护和专利使用权分享制度，以保障其会员机构，尤其是中小企业，能够以合法的方式获得先进制造技术的应用。此外，创新中心还建立了各种共享机制，包括技术设施共享、共同的技能培训、最佳制造技术实践分享、内部成员和外部相关者的信息共享等。通过共享合作，创新中心与会员企业能够达成对先进技术未来发展方向的共识，并在技术应用、人才培养和就业创造上形成共同利益和一致行动，更加高效地实现前沿的、跨领域的技术转化。

3. 注重应用人才的培养与开发

《国家制造业创新网络初步设计》明确提出制造业创新中心要加速培育拥有先进知识的工人、研究人员和工程师；全面加强制造业支持力度，强化科学、技术、工程这三大基础教育，要用世界一流的劳动力来支撑美国产业创新取得产业化、规模化的效果。制造业创新中心通过甄别新技术和新工艺，明确新技术应用所需要的技能与人才，并将此反馈到教育系统，联合高校、社区学校和技术学校，通过设计培训计划和课程、设置技能认证和颁发资格证书、完善"科学、技术、工程和数学"学科的教育大纲、提供实习和实践机会等，为新兴制造业产业输送合格的、匹配的科研人员与技术工人。譬如，未来轻量制造中心将轻量设计课程纳入了美国 22 个州的教育系统，美国制造中心联合一些制造工程院系推出了 3D 打印课程，并向 1 000 多所学校捐赠 3D 打印设备。

4. 充分激发中小企业创新活力

美国制造业创新网络计划十分注重充分调动中小企业的创新活力，并且帮助中小企业提高创新水平。因此，在计划实施过程中，十分注重中小企业在项目申报、实施中的参与与收益。中小企业参与进来之后，美国制造业创新网络计划还会为其提供充足的资金用于开展科技创新活动，提供大型试验设备用于攻克关键技术，提供包括 K-12 课程、实习机会、技能鉴定、与社区学院和大学的合作、硕博研究生等的再培训等机会，评估其所需的技能和证书，帮助中小企业快速成长以便能够迅速拓展市场①。

① 冷单，王影. 美国国家制造业创新网络运行机制与经验启示[N]. 中国经济时报，2016-01-11.

第二节　法国卡诺研究所网络建设经验及启示

为了激发国立研究机构的创新活力并促进科技成果转化，2006 年，法国政府发起成立了“卡诺研究所网络”（The Carnot Institutes Network，CIN）。10 年来，得益于政府的有效支持、体制机制的创新，CIN 的发展突飞猛进，现已成为欧洲第二大应用型研究所联合体，仅次于德国的弗朗霍夫协会。

一、基本概况

卡诺研究所网络得名于法国著名青年理论与实践物理学家卡诺。正如卡诺本人能够将理论与实践完美地结合，法国政府期望通过 CIN 强化公共科研机构与产业界的协同创新。CIN 定位于“面向产业的研究与创新”，秉持“通过产业驱动的学术研究来产生里程碑式的实用创新”理念，促进公立研究机构积极主动地面向企业、特别是中小企业签订研发合同，并提供研究支持与创新服务。CIN 目前拥有 34 个研究所，拥有包括 8 000 名博士在内的 2.7 万名研究人员，占全法公共科研机构研究人员总量的 15%。2014 年，CIN 从企业获得的研发收入已达 4.58 亿欧元，成为欧洲第二大研究所联盟。2010—2014 年期间，CIN 通过研究合同带动的整体营业额平均增幅为 52%。截至 2014 年底，CIN 已获得法国市场上企业研发外包合同份额的 55%，孵化出初创企业 65 家。合作企业数量超过 5 000 家，其中中小企业有 1 200 家，占 24%左右。CIN 所有研究所知识产权的平均年收入约为 5 000 万欧元，2014 年达到了5 100 万欧元。2014 年 CIN 的工业产权收入为 4.58 亿欧元，已经达到了欧洲领先水平。2014 年 CIN 共发表 2 万余篇文章，获得 1 050 余项专利，已成为法国专利数量第二多的科研组织。

二、主要做法

1. 以研产共建联合实验室为载体

通过与企业共建联合实验室，CIN 专家对企业的产业研究需求进行分析，并针对需求开展进一步的研究，为其提供更高水平的专业化服务。在此过程中，CIN 通过设置保密条款进行专业管理，并且在项目的推进过程中充分考虑到相关企业的需求和局限性，与企业之间形成了专业的契约关系，提供获取科技能力的便捷性，为企业大量接触其他技术平台创造了良好的研产合作氛围。

2. 构建有利于协同创新的多学科研究网络

目前，CIN 已构建起一个多学科的研究网络，涵盖理论、应用和产业化等各方面问题，应对经济和社会的重大挑战。这些有转化成果经验的机构在一个平台上对外服务，可以实现资源、信息、经验的共享，还可以通过多方联动快速解决企业面临的技术问题。CIN 也同时注重依托竞争力集群，推动与企业的研究合作，每年组织卡诺见面会（含每年一次大型的和若干次小型的见面会），为企业尤其是中小企业创造与 CIN 进行磋商洽谈的机会，促进达成双方合作的研究项目。

3. 为企业提供多样化的平台服务

CIN 为企业提供平台类服务（包括对工艺、临床、测试、实验等相关概念和原型的有效性验证，以及通过联系专家来提供高性能设备），B2B 合同项目的研究服务（项目时间从数月至数年，金额从 1 万欧元至 1 百万欧元不等），协作式项目服务（例如，由法国国家科研署、法国国家专项基金、欧洲地平线 2020、欧洲研究协调机构尤里卡等提供的项目），以及加入为期 3 年或更长时间的联合实验室的服务等。企业同其合作还可以享受科研税收抵免等资助政策以及科研项目申报的便利。此外，CIN 注重不同企业客户的个性化需求，根据时间长度，制订对应的合作方案。

4. 通过界定合作成果使用权促进合作共赢

卡诺研究所（AiCarnot）协会与法国国家工业产权局（INPI）形成了有效的伙伴关系，成立了含众多卡诺研究所在内的工作组，通过制定并落实《中小企业与公共实验室合作研究指南》来解决知识产权问题。该指南规定，CIN 与企业双方对合作研究成果共享所有权；同时，各方都对自己所拥有的前期知识成果享有所有权与使用权，只能在以研究为唯一目的时可免费使用对方的成果。指南在制定指导原则时允许 CIN 对合作研究结果在后续研究中免费使用。这种在法律范围内的鼓励措施，既不影响企业的利益又有助于研发机构的科研技术发展。同时，指南允许研究所授予企业技术成果独占与非独占许可权，以促进研究成果的商业化利用。

三、重要启示

1. 创新运营机制是研究网络成功的重要保证

经过十年时间的探索运行，卡诺研究所网络已经形成了一套较为科学、高效的运行管理体系，为其目标实现、日常管理提供了制度保障。管理机构由成员单位协商组建。由各个研究所选派代表组成的 AiCarnot 协会，负责卡诺研究所联盟内部的日常管理。该协会主要有 3 项工作职责：一是负责各机构的协同工作，当研究项目为跨学科性质时，AiCarnot 需要组织相关机构共同工作，同时还负责内部信息的共享与交流；二是负责联盟与国际科研领域的交流工作；三是推动与企业的研究合作，设立动态调整的淘汰机制。为了防止出现部分机构停滞不前的现象，进入 CIN 的研究所需要经过由法国高等教育与研究部、法国国家科研署与卡诺评选委员会的严格评定，有效期为 5 年，超过有效期需再次评定。CIN 已实施两期计划：第一期从 4 年（2006—2009）延期至 5 年（2006—2010）。最初有 20 个研究所，在 2007 年增加了 13 个，截至期末淘汰了 9 个，剩余 24 个研究所；第二期是 5 年（2011—2015），其间增加了 10 个研究所。目前 CIN 内研究所的总数为 34 个。

2. 构建全国统一的应用型研究平台

卡诺研究所的选择主要集中在能够有效实施合作研究的应用型研究所,这些公共科研机构所从事的研究工作多数是应用型研究,而非基础性研究,研究的内容天然地同产业界需求接近,同时也具有多年的对外合作研究经验。政府通过卡诺标签的认证,将这些应用型公共科研机构联合起来,进行资源整合,统筹兼顾,利用财政、税收等政策措施,统一支持,从而实现整体收益大于部分之和的效果。

3. 构建高效合作研究机制

卡诺研究所在对外开展合作研究工作的过程中,通常均可以提供设备共享、技术合作、人员培训等多种合作方式,企业同其合作还可以享受科研免税等资助政策以及科研项目申报的便利。在设备共享方面,卡诺研究所拥有世界一流的实验设备与大型实验平台,它们充分利用自身丰富的资源,鼓励企业使用其设备进行研究工作。在技术合作方面,卡诺研究所注重技术的商业使用与产业化,除了在研发过程中,研究所向企业进行技术输出,也在技术成果投入生产后与企业保持固定的联系,提供必要的技术保障,以保证技术成果的成功商业化。在人员培训方面,卡诺研究所有着顶尖的科研团队,占全法科研人员的 15%。研究所利用这些优秀的人才资源为合作企业提供系统而有效的技术培训。

第三节　德国州域创新网络建设经验及启示

近年来，德国在生物技术、交通运输、制造和工程、能源和环境、微电子—纳米—光学、卫生和医药、新材料和化学、航空航天以及信息通讯产业等诸多领域已构建了130多个创新网络，极大地提升了区域创新能力。德国创新网络的前身和基础是创新集群。自1995年开始，德国联邦政府陆续推出若干促进创新集群发展的规划，极大地推动了创新集群的发展，为创新网络的建设奠定了基础。创新能力网络行动是近年来德国推动创新网络建设的主要计划，由联邦经济与技术部负责组织和实施，选择最具有创新能力的集群作为支持对象(不限于新兴产业)，每两年评审一次，致力于在划定区域促进具备较好创新能力的技术创新和应用者相互联络并形成网络，由此强化技术、产业及市场之间的联系。创新能力网络行动计划设立办公机构，为入选技术网络的成员提供系列服务。到2011年，纳入创新能力网络行动管理和服务范围的技术网络超过100个，其中，大型企业超过450家、中小企业超过6 000家、科研机构超过1 600家、服务业主体超过1 000家。

一、基本情况及组织构架

德国的创新网络多由高校、研究院所、企业等多方主体构成，成员数量一般多于15个，其中企业数量占50%以上。从经费渠道来看，联邦政府、州政府、私人部门等均可为创新网络提供资金支持，大致可归纳为三种类型。一是自下而上型网络。以合作协调和网络管理获得商业优势为导向，商业氛围较浓，更多的是企业行为，注重成员个人出资(最常见的方式为会员费，500—3 000欧元左右)，而非公共资助。二是外生自上而下型网络。通常由一名外部成员发起建立，主要关注较新的主题和未来重要领域，公共资助是其主要经费来源。三是内生自上而下型网络。主要由大学或科研机构构成,一个或少数中心成员起核心作用,通常采用内部化的网络管理,资助往往与科研机构紧密联系在一起,经费主要依托科研项目以及地区经济促进的联合资助、地区创新资助等特殊来源,对公共资助的依赖性非常高。

从组织架构来看,德国创新网络的管理多委托专门机构或由网络中的牵头单位负责,称其为网络管理者,联邦政府和州政府一般不直接参与创新网络的管理,而是以引导、发起、组织、资助为主。典型创新网络的组织和结构如图 3.2 所示。其中,生物技术领域的创新网络发展良好,柏林-勃兰登堡生物技术区最为著名,目前已拥有 13 个生物技术产学研网络。

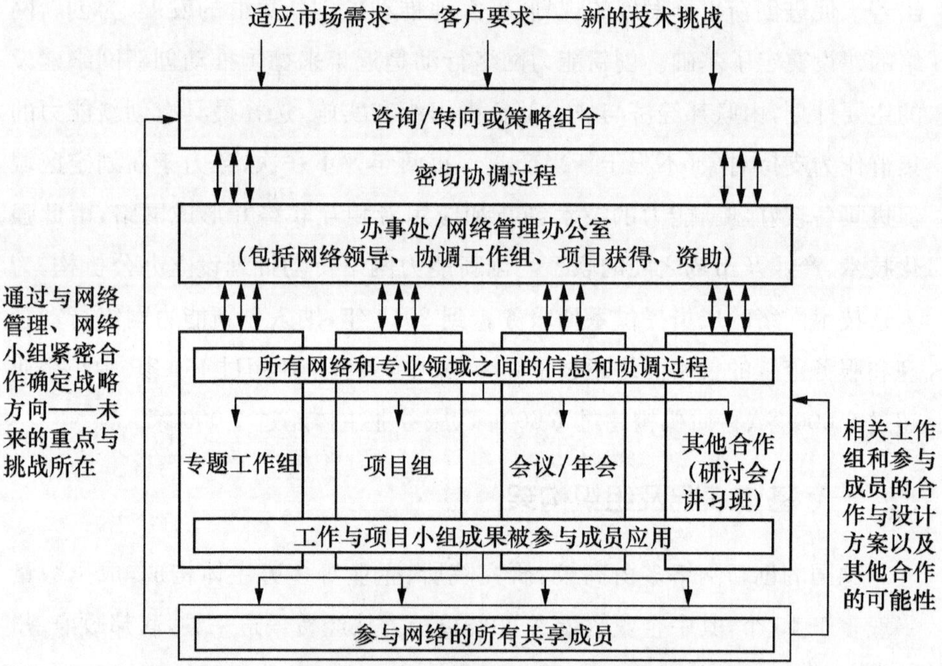

图 3.2　德国典型创新网络的组织和结构示例图

资料来源:陈强、胡雯、鲍悦华.德国州域创新网络构建及启示[J].科技发展研究,2015(24).

二、州政府主要角色

德国州政府在创新网络建设方面，主要配合联邦政府总体科技规划的要求，选择具有优势的产业领域或研究方向构建创新网络，通过网络管理者履行相应的管理职能，从而促进创新服务体系建设，并对创新网络建设成效进行评估。政府的主要职能如下：

一是选择网络管理者。州政府在构建创新网络方面的一项重要工作就是选择和培育合格的网络管理者，两者之间形成事实上的委托—代理关系。受委托的网络管理者主要履行以下四项职能：(1) 选择职能。在初始阶段，根据创新网络发展的现实及长远需要，从能力角度对创新网络成员的资质进行审核，并对创新网络发展所瞄准的行业领域、网络拟提供的产品系列或系统解决方案进行综合判断和选择。(2) 配置职能。根据地区需求和网络成员能力分配任务和资源，通过网络内部机制明确创新网络成员的职权、责任和资金。(3) 调节职能。促进和维护创新网络内部规则的制定和实施，包括正式合同程序和非正式安排。同时，帮助完善网络的内部信息、知识流动和冲突管理系统，并根据需要定期调整。(4) 评价职能。持续评估创新网络活动过程，对网络联系的收益和成本进行估算，分析网络关系、网络结构、扩展能力等，评估成员、服务或产品的效用。根据评估结果，决定是否重新循环至选择阶段，从而实现对创新网络持续、有效的管理。

二是培育“织网人”。州政府以创新集群或高新技术园区为基础，组织、发起、资助创新网络“织网人”。柏林-勃兰登堡地区的生物技术产业集群，就是以高新技术园区为依托而发展起来的创新网络。其中，园区内的 BioTop 中心发挥了关键作用。建于 1996 年的 BioTop 中心是柏林-勃兰登堡地区生物技术产学研合作协调的枢纽单位，由柏林城市州和勃兰登堡州长期提供经费支持。同时，该中心还是欧洲生物区委员会(CEBR)成员单位，而 CEBR 是欧洲唯一的泛欧生物技术促进网络。

三是促进创新服务体系建设。为了保证创新网络的有效运行，德国各州政府致力于创新服务体系建设，包括参与建设各类技术交易和技术转移平台，如不来梅城市州的 InnoWiGmbH 技术转移公司、巴伐利亚州的研究基金会、柏林城市州的 TSB 技术基金会等。然而州政府一般只开展发起、组织和协调等行动，不直接提供主要经费。在各州的技术转移平台中，巴登-符腾堡州的史太白技术转移中心(Steinbeis)相对比较著名和富有成效，主要提供技术咨询、研究开发、国际技术转移、人才培训等服务。截至 2010 年，史太白合作联盟拥有 810 家企业和机构，包括独立的技术转让中心、研发中心、咨询中心、转让研究所和自主的企业，营业总额达 1.24 亿欧元。

四是评估创新网络绩效。通过后评估的方式，州政府对具有良好绩效的创新网络进行支持，以形成示范和激励效应。以创新能力网络行动为例，纳入扶持范围的创新网络，需具备以下条件：(1) 具有可持续性；(2) 技术领域要有着重点和独创性；(3) 网络组织水平高，网络成员参与程度深；(4) 网络能为成员带来价值增量，行动具有责任性；(5) 网络至少包含 15 个成员，且分布在相互联系的价值链上，其中至少 50%为企业；(6) 网络具备国际化战略或跨国扩张倾向。

三、重要启示

德国创新网络建设发展过程中，州政府在执行、反馈联邦政府的科技规划，以及引导、服务创新主体的创新行动过程中发挥着重要作用。研究分析德国州域创新网络的构建，对区域网络化产业技术创新系统建设有以下几点借鉴与启示。

一是明确政府发起、组织与协调的角色定位。德国在创新集群政策的基础上，进一步发展了创新能力网络行动计划。在分工上，联邦政府主要负责制定科技创新战略和规划，发布区域性和产业性的激励计划，并通过遴选和评比的方式，对具有创新优势和潜力的区域或产业给予直接资助。州政府则根据自身区域的优势和基础，配合联邦政府的科技和产业发展规划，扮演发起、组织与协调的角色，通过选择合格的网络管理者发挥相应管理职能，培育优秀的“织网人”协调开展创新活动，从而促进区域创新网络的发展，并探索跨区域合作的可能性。各区域可在现有优质产业集群的基础上，选择优势产业和潜力产业，结合区域内较为成熟的产学研创新集群，发挥市级及区县政府的引导、组织作用，积极构建涵盖不同产业领域、层次丰富、治理模式多样的创新网络。

二是采用间接的资金支持方式资助创新网络。从资助方式上来看，德国州政府对营利性科技创新主体较少给予直接资助，而是通过对创新网络的后评估和认证结果给予激励性资助、支持创新网络“织网人”和网络管理者促进网络形成这两种方式提供间接支持。在区域网络化产业技术创新系统建设上，可逐步减少对企业的直接补贴，转而通过间接性的激励制度鼓励创新主体与其他机构开展合作，共享资源，促进区域创新网络的形成。

三是将选择网络管理者和培育“织网人”作为创新网络建设重点。德国创新网络作用的发挥，得益于网络管理者和“织网人”起到的关键性作用，以及完备的科技创新服务体系。其中“织网人”多为非营利性组织，资金来源多样化，州政府积极倡导、培育创新集群和科技园区内的“织网人”组织，但并不参与直接管理。同时，德国科技创新服务体系建设完善，加速了科技成果的转化。各区域应以优势产业集群为基础，建立职业化的创新网络发起、组织、协调和管理机构，促进创新主体间特别是产学研创新主体间的深度合作与知识转移。同时，加快科技创新服务体系建设，促进科技成果转化。

第四节 纽约城市创新网络建设经验及启示

纽约作为全球金融中心，在新科技革命和产业变革浪潮下，正谋求建设全球领先的科技创新中心。在纽约州政府的积极作为下，纽约城市创新网络逐步完善，并逐步释放出其特有的创新活力。纽约科技创新中心的崛起为我国城市创新网络建设提供了重要的经验和启示。

一、纽约城市创新网络的基本构成

1. 众多科技型初创企业与“引擎”企业

企业作为科技创新的核心要素，是创新投入与产出的主要贡献者。一方面，纽约本土集聚了众多以中小企业为主的科技创新型企业。据统计，2012 年在纽约共集聚了包括生物医药、广告、新媒体、金融等多个行业领域的 1 000 多家初创企业（Start-ups），其中不少属于高成长性的瞪羚企业，如 DoubleClick、IAC、Shutterstock 等（Shutterstock 的创办人 Jon Oringer 已经成为“硅巷”的首位亿万富翁）。另一方面，纽约非本土成长的大型企业总部和研发机构集聚效应显著。广阔的市场和高质量的人才成功吸引了大批具有国际影响力和行业控制力的高科技“引擎”企业在纽约进行投资，如苹果、微软、IBM、谷歌、雅虎、辉瑞、强生、惠氏等都在纽约设立了区域总部或研发机构。其中，谷歌在纽约设立了仅次于加州总部的最大办公室；IBM、雅虎等也有类似规模的研发机构；全球生物医药企业巨头辉瑞的总部也设在纽约。

2. 基础研究与应用研究并举的大学

一流大学不仅是世界杰出人才培养的摇篮，同时也是科学研究的重镇。

纽约拥有哥伦比亚大学、纽约大学和康奈尔大学在内的众多名校，同时集聚了全美10%的博士学位获得者、10%的美国国家科学院院士和近40万名科学家和工程师。这些大学一方面在学科领域进行基础研究，另一方面以任务为导向进行应用研究。如康奈尔大学和以色列理工学院于2011年12月签署协议，计划在曼哈顿以东的罗斯福岛建造约195平方公里的校园，招收以工程和计算机科学专业为主的硕士和博士，为纽约培养一批杰出的应用科学人才和一流的工程师。

3. 直接政策与间接政策的实施者——政府

政府是科技创新规制的制定者，是创新发展蓝图的规划者和参与者。纽约政府作为支持创新的"积极的政府"，一方面实施直接创新政策，对创新企业给予资金扶持或税收优惠。如20世纪90年代"硅巷"刚开始建立时，针对纽约市税收偏高的问题，市政当局制订了以下优惠政策：房地产税减征5年计划（前3年减50%，第4年减33.3%，第5年减16.7%），免除商业房租税（前3年商业房租税全免，第4年免4.7%，第5年免3.3%），曼哈顿优惠能源计划（期限12年，前8年电费减少约30%，以后每年减电费20%）等。另一方面实施间接创新政策，通过制定产业政策、激励大学技术转移能力等方式间接影响科技创新。如纽约政府2005年颁布"纽约制造"项目，2009年宣布执行"纽约媒体2020计划"，2010年开展"纽约应用科学发展项目"，2011年宣布成立科技与创新理事会，2013年启动"生命科学领域新兴应用联盟"等，都有力地促进了纽约科技创新发展。

二、纽约州政府对创新网络的主要贡献和做法

2000年，纽约为"鼓励创新、增加就业、发展新经济"的发展目标，成立了纽约州科学、技术与学术研究办公室（NYSTAR）。NYSTAR的主要任务是，在纽约现有的包括人力和机构在内的科技资源中发现并孵育推动经济

增长的技术引擎，并创造更多的就业机会。通过刺激、引导、促进创新性发明与开发来充实纽约在新经济中的无限潜力，这种潜力的内核就是技术创新与技术商业化。NYSTAR 的主要做法有：

1. 大力支持前瞻性技术研究

为将纽约州 300 多所学校及其内部研究所的科研成果转化成为商业动力，进行智力投资，争取在纽约州创立以科研为基础的新型产业及工作岗位。NYSTAR 加大了对大学等研究机构科研项目的投资，在 NYSTAR 成立的头 3 年里，它在全州内各大学的投资已超过 1.25 亿美元。NYSTAR 通过推行一系列全新的计划项目和措施来促使纽约成为高新技术学术研究者的领先者，以及成为全球新经济发展的领先者。这些计划和措施的实施，使纽约成为世界级的研究创新中心，使原有的一些研究机构更加现代化，并且提高了技术从实验室到市场的转化速率和效率，主要项目计划有超级中心建设计划、战略性学术研究中心计划、高级研究中心计划、高级技术中心计划以及地区技术发展中心计划。

2. 构筑产学研一体化创新联盟

通过多种、多个推动计划和其他战略性促进措施的实施，NYSTAR 使当地的技术成果转化能力不断增强，目标是形成"学术—科研—开发—商业化"一体化的多种机构连续统一体。全州基本形成了"大学—企业伙伴关系"的技术创新与转化模式，这种紧密的新型伙伴关系使得大学等研究机构在科研工作中更加具有实际应用导向性，致力于开发那些具有战略意义和未来经济增长点的新技术；另一方面使得那些具有商业前景的技术，尤其是具有战略经济意义的新技术能够快速产业化。这些战略新技术的商业化不仅催生了一大批高新技术企业，同时也创造了大量的高质量、高收入就业岗位。

3. 建设面向科研、开发、商业化需求的综合信息平台

NYSTAR的战略规划中提到有必要建立一个技术信息部门，为研究人员和产业界提供急需的各种技术和商务、市场信息，告知纽约的科学家和企业家在哪里可以获得他们所需的资源，搭建一个技术商业信息服务平台。技术信息部门建设通过精密、全面的数据库建设搭建的信息平台，为纽约当地甚至全美的高技术研究人员、学者、企业家提供了获得人力援助、设备工具等方面的合作机会，并且通过数据库的动态更新保证了信息的准确性、时效性和全面性。这类信息数据库平台主要有五个，包括提供纽约州所有科学家和商业协会、组织的门户网站链接的免费在线数据库CV数据库、发布当地的大学通过美国全国卫生基金会（NSF）和美国国立卫生研究院（NIH）拨发的资金购买的可共享的仪器设备的“MRI可获得的主要研究设备数据库”、发布最新的当地专利信息的“发明信息平台”以及“论文数据库”和全面提供纽约研究开发概况的“超级技术链接平台”。

4. 帮助当地的研究机构获得更多的联邦资金支持

NYSTAR认为要达到这一目标，纽约州必须在“有声望的科学家与州内一流的基础设施”之间构筑其良好的融合体，即一流的设施、一流的人才、一流的设施为一流的人才所用，只有这样才能吸引更多的联邦资助。NYSTAR的STAR中心技术、ARCs、CATs都是致力于这一目标的实现。因此培养和吸引一流的人才与改善科研条件就成为NYSTAR的任务之一。除了在当地培养一流的人力资源，NYSTAR还大力吸引全美乃至全球一流的科学人才到当地的研究型大学从事科研工作，确保当地的研究者能够获得更多的联邦资金的支持，并且调整整合全州的高科技资源，将资源效率最大化。

5. 通过授权与合作主动参与技术创新过程

NYSTAR通过授权和与全州所有的科研院所、大学以及其他各种研究机构建立合作协议实现对地区技术创新和成果转化过程的干预。这是NYSTAR参与地区科技发展、完成自己使命的主要方式。NYSTAR还鼓励全州学术机构和企业与美国其他州、国家级机构以及国际组织之间建立广泛的科学和工程经济协议，给予各种机构在该州技术创新活动最大程度的优先权和优惠措施。鼓励研究机构、高等教育机构与企业的风险性合作，致力于有商业潜力的“未来技术”的开发，并且不断清除“产学研联盟”内部阻碍技术快速产业化的各种壁垒。

三、重要启示

1. 建立有效激励机制促进创新人才集聚

纽约的大学科研人员可以通过技术成果商业化和授权许可等方式获取非常可观的收入。如哥伦比亚大学明文规定：对于专利转让许可的收入，在扣除专利申请等费用（占20%）之后，剩余金额为项目净收入。当净收入低于10万美元时，其中的50%归发明人所有，大学占有25%；当净收入超过10万美元时，其中第一个10万的50%和其余的25%归发明人所有，大学占有第一个10万的25%和其余的33%；无论净收入多少，其中的25%必须用于发明人的研究活动或由发明人指定的针对大学的专项事务。目前，哥伦比亚大学每年约有400项创新成果经过哥伦比亚大学科技投资部（CTV）转化；每年产生百余个许可和期权、十余家初创企业；每年获得数百万的授权收入。

2. 政府的前瞻性规划为园区发展提供方向

纽约政府在2009年就开始反思“过分依赖金融服务业”的发展战略，决定建立应用科学的科技园区以平衡发展。时任纽约市长的布隆伯格决定建设纽约的“硅谷”，并于2010年提出了以“应用科学”为主体的“纽约应用科学发展项目”，由政府提供土地吸引世界顶级高校和研究机构加盟，从而为纽约培养创新人才，带动纽约创新力量发展。如规划建设康奈尔科技园，与康奈尔大学、色列理工学院合作共建，政府提供1亿美元资助其基础设施建设。康奈尔科技园对纽约的经济发展、人才培养、劳动就业等起到举足轻重的作用，也将为纽约成为全球科技创新中心奠定坚实的基础。

3. 营造良好的创新文化环境

在有利的创新环境的支撑下，纽约持续发展为科技创新的温床，不断孕育和吸引创新主体。集聚天使投资公司、创业培育公司，对创新型企业进行资金和管理支持，使创新成果能够顺利转化，纽约各种中介组织和行业协会众多，对创新的扩散和技术成果转移有重要作用。另外，纽约文化具有多元化与多样性的特点。纽约企业广泛分布在金融、时尚、艺术、传媒和科技等领域，相较于同质化思维现象严重的硅谷，人力和思维更具多样性。在纽约，科技更易与不同行业发生“化学反应”，增加不同行业创新的可能性。

第五节　深圳市产业技术创新系统建设经验及启示

深圳作为我国经济特区和首个以城市为基本单元的国家自主创新示范区，在创新资源极度匮乏的基础条件下，在短短三十多年的时间内，从以出口加工贸易为主的工业城市变为一个以高端制造业和现代服务经济为主的国际性大都市，并且迅速成长为国内最具创新活力的城市，其城市产业技术创新系统建设经验值得认真总结和借鉴。

一、深圳市科技创新概况

2016 年深圳全年本地生产总值 19 492.60 亿元，在全国城市中排名第四位，仅次于上海(26 688 亿元)、北京(24 541 亿元)和广州(20 004 亿元)。出口总额15 680.40 亿元，分别占全国和广东省出口总额的比重为 11.3%和 39.7%；出口总额连续二十四年居内地城市首位。深圳在福布斯中文版发布的“2014 中国大陆城市创新力”排行榜中居榜首。2015 年，深圳获 14 项国家科技奖、摘得 34 项广东省科技奖，还获得中国专利金奖 4 项。2016 年，深圳全市全社会科技研发投入超过 800 亿元，占 GDP 比重提高至 4.22%，新兴产业对 GDP 增长贡献率提高至 53%左右，先进制造业占工业比重超过 75%，PCT 国际专利申请量约 2 万件，增长47.6%，占全国 46.6%，荣获国家科技奖励 16 项。深圳科技创新发展具有以下几个突出特征：

一是企业成为科技创新的主力军。以企业为主体的创新格局已基本形成，涌现出了华大、光启、华为、中兴、大族激光等具有世界级影响力的创新型企业。华为是全球最大的移动通信设备企业和第三大智能手机厂商，在

《麻省理工科技评论》2016年评选的"全球最聪明的50家公司"中，华为排名第十，腾讯排名第二十。2016年华为研发投入630亿元，约相当于江苏全社会研发投入的1/3。深圳光启拥有全球超材料领域86%以上的专利，华大基因的基因测序产出能力占全球50%以上。比亚迪是全球唯一同时具备新能源电池和整车生产能力的企业，大疆科技已占领消费级无人机全球70%的市场份额。目前，深圳高新技术企业超过3万家，占全省科技型企业60%，其中销售额超十亿元的有139家，国家级高新技术企业5 524家，在境内外交易所上市的企业超过300家。

二是高端人才引领创新驱动发展。深圳在高校和科研院所资源非常匮乏的状况下建立了高效的人才机制，贯彻落实高层次人才政策，启动人才安居工程，实施"孔雀计划"积极引进海外高层次创新团队。通过引进全国甚至全球人才、嫁接内地及香港高校资源，通过企业研发中心的实践，将科研能力转化为先进生产力。深圳已经成为创新人才高地。据统计，深圳人才资源总量约400万人，累计"海归"5万人，全职在深工作院士13人，"千人计划"人才154人，本市认定的高层次人才5 652名。累计引进"孔雀计划"人才1 364人，引进留学人员6万余人。本土培养院士实现零突破。海内外高端创新人才的汇聚，促进了科技资源的引进消化与吸收，有力促进了产业转型升级。

三是产业实现高端发展。深圳瞄准产业和科技发展前沿，先后出台生物、互联网、新能源、新材料、文化创意、新一代信息技术、节能环保等七大战略性新兴产业规划政策，建设了23个战略性新兴产业基地和集聚区。同时，抢占产业制高点，着力培育航空航天、生命健康、海洋、军工及机器人、可穿戴设备及智能装备等未来产业。当前在4G技术、超材料、基因测序、3D显示、新能源汽车等领域，深圳的创新能力已处于世界前沿。近五年，战略性新兴产业年均增长20%以上，2016年，先进制造业增加值5 428.39亿元，新兴产业增加值合计7 847.72亿元，占GDP比重40.3%，成为经济发展主引擎。

四是创业再造深圳新特质。深圳还在全力打造“全球创客之城”。全球知名财经杂志美国《商业周刊(中文版)》,将深圳誉为“中国最具硅谷气质的城市”。目前,深圳拥有各类创客1万余人。2015年开始,每年至少新增50个创客空间、10个创客服务平台,新增创客3万人。到2017年底,全市创客空间数量有望达到200个、创客服务平台50个、创客逾10万人。

二、深圳市的主要做法

1. 改革创新精神

改革创新,是深圳的城市标识,是深圳的生命动力,是深圳的立市之本,是深圳的发展之魂。深圳从最初基本以加工别人产品为生计的特区,发展成为一个以高新技术产业安身立命的先锋城市,其中极为重要的原因是深圳拥有以移民文化为基础、以制度文化为保障的优良文化生态,拥有崇尚改革创新精神的优良基因,改革创新成为深圳成长和发展的常态。因此,在特区30多年发展历史上,创新无所不在,打破陈规司空见惯。2013年5月,深圳推出了《深圳市全面深化改革总体方案(2013—2015年)》,吹响了改革攻坚的冲锋号。2014年,全面深化改革元年,深圳在全国领先的改革举措达111个,获国家级奖励的改革项目达8个。同时,充分发挥年轻移民城市的优势,鼓励“草根创新”“全民创新”,激发大众创业、万众创新的巨大能量,使全社会创新智慧竞相迸发。可以说,改革创新精神成就了深圳改革开放以来最具特色的发展优势。

2. 集聚优质创新资源

在基础科研力量偏弱的情况下,深圳市采取了以应用为导向的创新和科研成果转化机制,探索灵活多样的产学研合作机制,汇聚全国科技力量,注重引入外部科研资源,推动创新载体快速发展,进一步提升创新能力、加快创新成果转化。2000 年，深圳提出创新深圳大学城的战略举措，先后引入与清华大学、北京大学、哈尔滨工业大学，联合创办以培养全日制研究生为主的研究生院群。截至目前，深圳高新区拥有约 60 所境内外高校及科研院所。近年来，深圳重点将龙岗区的大运新城打造成国际大学城，定位于以国际高端教育引领的科技创新中心。目前正在建设香港中文大学（深圳）校区、深圳北理莫斯科大学、深圳吉大昆士兰大学，正加速汇聚国际优质创新资源。目前深圳累计建成国家、省市级重点实验室、工程实验室、工程（技术）研究中心和企业技术中心等创新载体 1 283 家，覆盖产业创新发展主要领域，建成了国家超级计算深圳中心、大亚湾中微子实验室、国家基因库等一批重大科技基础设施。汇聚金融资源，风险资本充足，推动深圳科技和金融融合发展。在深圳登记注册的创业与风险投资（PE/VC）机构已超过 3 500 家，注册资本近3 000 亿元，机构数量和管理资本额约占全国的三分之一。

3. 创新孵化模式

2003 年，深圳南山区提出了“大孵化器”战略，“大孵化器”具有以下几个特点：一是在建设主体方面，从由政府主办为主转到由大学科研机构主办、企业主办以及政府与企业、高校、科研机构共同举办的以社会力量为主的孵化器的发展格局。二是在联动发展方面，通过大孵化器联盟平台，联动南山 34 家孵化器、上百个工业园区以及近千家的知识服务机构，构成南山“大孵化器”的科技服务体系与自主创新服务体系。三是在区域层面，通过建设孵化平台、培育创业企业、集聚创新资源、推广创新文化、建立创新体系、营造创新创业环境、整合全区力量和资源，将整个南山区变成一个“大孵化器”，自 2003 年提出至今取得显著成效。涌现出了中兴、腾讯、迈瑞等知名科技领军企业。同时，大批中小型科技创新企业不断诞生，为高新技术产业发展提供了发展的动力，推进了南山核心技术自主创新先行区的建设。据统计，南区已有各类孵化器 46 家，其中，国家级孵化器 9 家，孵化面积 232 万平方米，在孵企业 2 860 家，累计毕业企业近 3 000 家。在 2014 年广东社科院发布的国家首个《中国区域孵化能力报告》中，南山区的创新孵化能力位列全国第一。

4. 完善科技服务

深圳是国内较早开始注重创新生态系统营造的城市。在科技基础薄弱、科教资源匮乏、科技人才稀缺的条件下，深圳着力营造人才资源、基础研究、科技服务、金融支持、商业模式等诸多创新元素在内的区域综合创新生态体系。近年来，深圳在营造创新生态方面更是频频出拳。2016 年 3 月出台《关于促进科技创新的若干措施》，提出“优化综合创新生态体系，打造创新创业生态区”。同月出台《关于促进人才优先发展的若干措施》，提出 20 条 81 项措施 178 个政策点，涵盖人才引进、培养、评价、流动、使用、激励等各个环节，重点着眼于破除束缚人才的体制机制障碍，聚天下英才而用之。2016 年 10 月，向市人大常委会提交《深圳经济特区国家自主创新示范区条例（草案）》，条例草案明确提出政府职能从研发管理向创新服务转变，特别体现了“深圳服务”的理念思路。同月又出台了《关于加快高等教育发展的若干意见》，提出到 2025 年，深圳将建立国际化开放式创新型高等教育体系，建设成为南方重要的高等教育中心。

三、重要启示

1. 构建高效政府和有效市场

深圳的成功，既是市场经济的成功，也是政府服务的成功。深圳充分发挥市场在资源配置中的决定性作用，创新资源由市场配置、企业发展由市场选择、产业升级由市场牵引。深圳 90％以上研发人员在企业、90％以上研发资金来源于企业、90％以上研发机构设立在企业、90％以上职务发明专利出自企业。政府充分尊重市场规律，从市场的角度出发，为参与者创造条件，为市场主体开展创新提供政府激励或“诱饵”，如市场准入、土地、财政、税收、人才政策等。在推动产业升级和自主创新方面，深圳市主要从两方面着手：一是大力支持民营高科技企业发展，通过优化创新创业环境和资源配置条件，降低企业进入门槛和创新成本，拓展经营视野和销售市场，如产学研合作基地、公共研发平台、交易展览会等，培育本地创新力量。二是发挥土地政策对产业转型升级的推动作用，强化土地资源集约利用，通过调整项目用地准入和退出标准，引导企业向高端化、集约化方向发展。深圳市政府财政资金支持产业发展更加注重对载体和平台的倾斜，支持重点行业产业化基地、科技企业孵化器等载体建设，激励更多创新创业活动开展。

2. 构建以企业为主体的协同创新体系

在基础科研力量偏弱、技术来源和储备缺乏的情况下，深圳构建了以企业为主体、以市场化为导向、以产业化为目标的产学研协同创新体系。虚拟大学园模式、“深港创新圈”合作机制、产业技术研究院是深圳市引进科教创新资源的典型做法，并形成了一套成熟有效的产学研合作模式。吸引境内外知名高校建立 53 所深圳研究院、3 所深圳研究生院、16 个高校产学研基地，推动本地高新技术由“外生驱动”向“内生驱动”转变。与高校院所合作，在深圳设立研究机构或分部。以中科院深圳先进技术研究院和深圳清华大学研究院为代表，带来了一大批人才、技术、成果和项目。构建深港创新圈，在科技、经济、教育、商贸等领域开展合作，构建一个高度开放的跨境区域创新体系。香港理工大学、香港城市大学、香港科技大学、香港中文大学等先后在深圳高新区建立产学研基地，输出了一批先进技术和成果。设立了清华大学启迪创新研究院、深圳清华大学研究院培训中心。

3. 构建国际化的创新体系

深圳过去三十多年在发展外向型经济方面取得了突出成绩，特别是这些年,企业“走出去”规模迅速增长,质量、层次不断提高,发展模式更趋多样。《深圳市质量发展“十三五”规划》提出,到2020年深圳成功创建“标准国际化创新型城市”。2015年深圳对外投资规模居全国大中城市前三,部分企业通过开放配置全球创新资源,整合利用全球的信息、研发、市场资源,通过与跨国公司的战略合作,获取国外优质要素资源,极大地增强了企业地位和竞争力,成为行业翘楚和我国跨国经营的成功典范,涌现出华为、中兴、腾讯、比亚迪、中集、迈瑞等一批主动融入全球价值链、成功开展国际化创新的优秀企业。以华为为例,华为在全球设立了16个研发中心、45个培训中心、36个联合创新中心。正是全球研发布局,让华为聚集了全球最优秀的人才进行协同创新。依靠全球创新,华为成为世界上最大的通信解决方案提供商和第三大手机厂商。2016年华为实现全球销售收入5 216亿元人民币(751亿美元),同比增长32%,净利润371亿元人民币,同比增长0.4%。这是在华为稳居全球通信设备市场榜首、智能手机市场第三的情况下,实现高位大幅增长。

第六节 北京中关村产业技术创新系统建设经验及启示

一、中关村科技创新概况

中关村是我国第一个国家级科技园区和国家自主创新示范区。经过二十多年的发展，已经成为世界上人才、技术、创造力最集中的地区之一，是我国科教智力和人才资源最密集的地区。中关村的科技创新具有以下几个鲜明的特征：

一是科教人才资源极为密集。中关村汇聚了国内众多的一流高校、科研机构，是我国科教智力和人才资源最为密集的区域。中关村拥有高等院校近 41 所，国家(市)科研院所 206 家；拥有国家级重点实验室 67 个，国家工程研究中心 27 个，国家工程技术研究中心 28 个；大学科技园 26 家，留学人员创业园 34 家。2015 年，中关村企业拥有本科及以上学历人员 120.2 万人，占从业人员总数的 52.1%，其中，硕士和博士学历的从业人员数量达 23.8 万人和 2.3 万人，分别占10.3%和 1.0%。截至 2016 年底，中关村地区入选中央“千人计划”共 1 188 人，占北京地区 80%，占全国 20%；入选北京市“海聚工程”共 589 人，占北京市 66.1%。

二是创新企业群体强大。经过 20 多年的发展，中关村已出现了京东、小米、百度、联想、京东、紫光、乐视、奇虎、中芯国际等一批领军企业，其中，联想、京东等 7 家企业入选《财富》“2016 年世界 500 强”；百度入选《麻省理工科技评论》“2016 全球 50 家最具创新力科技公司”；百度、京东入选研究机构 Millward Brown 评出的“2016 年全球最具价值品牌百强榜”。2015 年，中关村收入亿元以上企业 2 967 家，收入超百亿元企业 68 家、超千亿元企业 4

家。累计上市企业总数 281 家，上市企业总市值达 48 896.3 亿元。新三板累计挂牌企业达 783 家，总市值 3 780.4 亿元。

三是经济结构“高精尖”。中关村紧随世界科技创新前沿，积极构建“高精尖”经济结构。2015 年，中关村高技术产业实现收入 15 109.2 亿元，现代服务业实现收入 26 812.7 亿元，占中关村总收入的 65.7%。信息服务业、科技服务业占现代服务业收入比重的 60.3%。中关村已在一些前沿科技领域成为世界的领跑者，如在人工智能、计算机、集成电路、生物医药等产业的一些成果已接近或达到世界先进水平。比如，“百度大脑”的无人驾驶汽车、语音识别等人工智能技术、诺亦腾的动作捕捉技术、梦之墨的液态金属、柏惠维康的神经外科机器人等成为全球的领跑者。商汤科技在全球最为权威的计算机视觉大赛中包揽五个单项中的三项冠军。

四是创业氛围极为浓厚。中关村已成为全球风险资本高地，根据“安永全球风险投资集聚地排名”，北京及中关村吸引全球风险投资额排名高居第 2 位，吸引风险投资 77.1 亿美元，仅次于美国旧金山湾区。中关村企业吸引风险投资额约占全国的 40%左右。一批高成长高估值企业不断涌现。2015 年，中关村新创办科技型企业 2.4 万家，日均新创办科技型企业达 66 家。中关村初创企业在全球知名榜单频频出现，如口袋购物、美团网等 20 家企业成功入选“2015 福布斯中国成长最快科技公司”榜单；在行等 16 家企业入选国际知名杂志《快公司》“2015 中国最佳创新公司 50 强”；利德曼等 15 家企业入选“2015 福布斯亚洲中小上市企业 200 强”。40 家企业入选 2015 中关村独角兽企业榜单，中关村独角兽企业数量仅次于美国硅谷，成为全球独角兽数量排名第二的地区。

二、中关村主要做法

1. 体制改革政策创新先试先行

中关村是我国自主创新制度创新的试验田。从 1988 年至今，围绕园区体制机制的突破，中关村的发展经历了“新技术产业开发实验区”“科技园区”“国家自主创新示范区”三个重要时期。1988 年 5 月，国务院颁布了“北京市高新技术产业开发试验区暂行条例”，提出了给予新技术企业所得税、建筑税、关税减免等税收优惠；鼓励科技人员兼职创业，提高科技人才流动性等政策。2000 年 12 月，北京市出台了“中关村科技园区条例”，与促进技术创新直接相关的政策突破包括：破除技术成果转化障碍，实现技术成果价值；加大鼓励人才创新创业力度，大力发挥科技人才作用；建立促进创新服务业发展的相关制度，完善创新服务体系；简化企业管理，完善企业服务体系。2009 年 3 月，国务院批复同意建设中关村国家自主创新示范区，要求把中关村建设成为具有全球影响力的科技创新中心，成为创新型国家建设的重要载体。自国家自主创新示范区建立以来，中关村率先开展企业产权制度、投融资体制、企业信用等方面的改革试点工作，从基本点上理顺各市场主体的产权关系、所有制关系、投融资关系等，为进一步深化改革和发挥创新资源优势奠定基础。“十二五”时期，中关村颁布并拓展实施“1＋6”政策，并搭建起跨层级和跨部门审批的中关村创新平台，构建了有利于政策先行先试的工作机制，形成高效运转、充满活力的科技创新和产业化服务体系，以及金融、财税、人才激励、科研经费等促进科技创新的一系列政策。细化完善“新四条”政策，出台实施“京校十条”“京科九条”等政策，政策助力体制机制创新成为中关村加快发展的主要动力。通过体制机制改革的不断深入，带动了中关村创新效能的不断释放，高端要素不断聚合。

2. 打造全球人才高地

中关村是国家级人才管理改革试验区，多年来，中关村通过落实特殊政策、构建特殊机制、打造特殊平台、引进特需人才，已成为全球仅次于硅谷的最优的创业者栖息地。一是实施更加开放的外籍人才引进政策。2016 年 3 月，公安部正式实施支持北京创新发展的 20 项出入境政策措施，为外籍人才提供签证、出入境、居留等便利化服务，其中 10 项政策为全国首创，在中关村先行先试。截至 2015 年，中关村入选“千人计划”海外高层次人才 1 091 人，占北京市 82％，占全国 21％；入选北京“海聚工程”512 人，占北京地区 68％。

中关村已成为高校院所的海归人才、科研人员等精英开展创新创业的首选地。二是构建与国际接轨的科研和工作环境。积极建设新型科研机构，持续推动北京生命科学研究所、国家作物分子设计工程技术研究中心、北京大数据研究院和北京纳米能源与系统研究所等新型科研机构发展，实行以科学家为主体主导的经费管理制度和科技成果转化机制，激发科研人员的创新创造活力。为吸引全球的创新创业人才在中关村汇聚，还启动了"中关村外籍人才申请在华永久居留积分评估工作"，率先探索建立市场化的外籍人才评价引进机制。

3. 推动科技与金融深度融合

在科技金融领域，中关村实现了多个全国首创。1999 年底，中关村成立了全国首家专门为科技企业服务的融资担保机构；2000 年率先开展促进创业投资发展的试点工作，设立第一支政府创业投资引导资金；2001 年中关村企业信用制度试点启动；2006 年中关村代办股份转让试点正式启动；2012 年国家科技金融创新中心建设全面启动；2013 年和 2014 年，互联网金融、境外投资并购外汇试点等相继启动；2015 年，规划建设科技金融一条街，并提出将其打造成为全国创新资本集聚中心、要素市场中心、互联网金融创新中心的目标。2016 年 11 月，国家开发银行等机构与仁创公司签署投贷联动"投资＋贷款＋保证"协议，全国首个投贷联动试点项目正式落地中关村。2017 年 7 月，北京市首家民营银行——中关村银行正式成立，是全国首家专注服务科技创新的银行，该行以服务全国科技创新中心建设为使命，依托优质的股东资源和科技企业资源优势，为科技型中小微企业提供资金支持和金融服务，运用互联网、大数据、云计算等先进技术，支持并促进中关村乃至全国的科技型中小微企业的创新发展。

三、重要启示

1. 构建优质创新政策服务体系

中关村国家自主创新示范区经过 27 年的发展，在不同阶段制定了不同的支持政策，已经积累了一套成熟的政策体系。发挥政策引导作用，明确产业发展方向，引导创新资源集聚。中关村各园区产业定位都较为明确，如海淀区的 IT 产业、房山的高端装备制造业、密云的绿色农业等，并都形成了各自的产业优势。发挥政策引导作用，在创新核心区集聚了中国技术交易中心、国际技术交易中心、PE 大厦、互联网金融中心、1＋1 品牌大厦、人才大厦、科技中介大厦、互联网教育中心、科贸大厦等资本、人才、技术、市场、品牌、科技中介要素资源。发挥资金杠杆作用，建立科技担保公司，从无偿拨付资助企业转向着力支持企业找担保公司的担保费、支持企业到银行贷款的利息。通过建立混合所有制的股权投资基金，政府引导基金参股，调动社会资本进入，合资成立股权投资基金管理公司。建立资本政策、产业政策、人才政策、科技政策、市场政策、国际化政策、孵化政策全面覆盖的政策体系。

2. 构建全球创新网络

近年来，中关村加快建设具有全球影响力的科技创新中心，加强科技创新国际交流与合作。中关村已与法国索菲亚科技园区、加拿大渥太华创新中心等近 20 个国际科技创新区域或机构建立了长期合作关系，推动中关村企业以多种形式与芬兰、美国、德国、以色列等国家的企业、科技机构开展对接合作。近年来，中关村企业瞄准国际创新前沿，通过在海外设立研发中心、与境外科研机构开展研发合作、投资孵化境外创新项目等方式在全球范围配置高端创新资源。越来越多的中关村企业在境外设立了研发中心、分支机构，如百度硅谷研究院、北汽新能源硅谷研究院、畅捷通硅谷研发中心、博易智软硅谷研发基地、勤邦生物硅谷研发中心等一批研发中心相继在硅谷成立。目前，中关村地区吸引的外资企业已经超过 1 500 家，外资研发机构 260 家，世界 500 强企业在示范区设立了 200 家分支机构，包括英特尔、微软、IBM、西门子、三星、埃森哲等，其中一些跨国公司在华研发机构已成为其全球研发网络的核心节点。微软创投加速器在中关村成立 5 年，与 100 多家投资机构和众多行业领军企业达成战略合作。每年，微软创投加速器都会举行两次海选,从上千家申请团队中选择不到 20 家。

3. 打造创新生态系统

中关村在企业孵化体系建设、公共服务平台、新型社会组织及专业化服务、信用服务体系等诸多方面,初步形成了一套为企业创新提供服务的支撑体系,提高了园区企业的创新效率。第一,加强科技与金融的联系。2015年,北京市出台"中关村示范区建设国家科技金融创新的意见",提出建设科技金融一条街,并将其打造成为全国创新资本集中中心、要素市场中心、互联网金融创新中心的目标。第二,逐步形成了专业化的科技服务体系,涵盖了研发设计、技术转移、创业孵化、知识产权等领域。比如创新工场于 2009年 9 月创办,其既为初创企业提供创业资金,又提供一揽子创业服务,帮助创业公司在早期顺利启动和快速成长。创新工场的基金来源具有全球化、多元化的特征,投资方向多是信息产业热门领域。再如,车库咖啡主要是以咖啡馆为载体,利用招聘墙、签到墙、交流沙龙、车库活动等多项特色活动为创业者提供低成本的交流场所和办公场所,同时也设立了具有虚拟孵化作用的车库创业俱乐部,选择性地对部分创业团队进行孵化、提供服务器等资源,成立四年多来已经促成多个创业团队获得天使投资。第三,利用社会组织支持创新主体发展。目前中关村有产业技术联盟 80 多家、协会组织约 60家,以此为依托形成的创新性公共服务平台 400 余个,促成国际国内科技项目 200 多项,推动中关村开放实验室得以挂牌近 150 个。

第七节　美国硅谷产业技术创新系统建设经验及启示

一、发展概况

硅谷是指美国加利福尼亚州北部高科技公司云集的圣塔克拉拉谷，最初以研究和生产半导体芯片等著称，目前拥有超过 100 万的科技人员，年产值超过 7 000 亿美元，孕育了包括苹果、谷歌、英特尔、惠普、思科、甲骨文、IBM 等在内的大批知名高科技企业。二战后，斯坦福大学的弗雷德里克·特曼教授为促进当地技术和工业区域基地的发展，实施大学和当地企业间合作。1946 年创立斯坦福研究所，从事和国防相关的研究并帮助学生创立发展公司。早在 1997 年，硅谷的企业市值超过 4 500 亿美元时，创造了 5 万多个新的就业机会，而上市资本的增加是全国平均数的 5 倍。硅谷的研发人员占到硅谷总从业人员数量的 10%以上，是美国平均水平的 2 倍。在硅谷，先后共有 40 多个诺贝尔奖获得者。当地大学为硅谷提供了大量的技术人才支持。硅谷所在地拥有包括世界著名的斯坦福大学、加州大学伯克利分校、圣克拉拉大学和圣何塞大学在内的 8 所大学、9 所专科学院和 33 所技工学校。

二、演化过程

硅谷网络化产业技术创新的发展主要经历了几个阶段：

1. 产业研发网络兴起阶段(1950—1960)

斯坦福工业园系斯坦福大学于 1951 年设立，后更名为斯坦福研究园。

随后几年中，惠普、通用电气、贝克曼仪器等高科技公司相继入驻园区。

1955 年，肖克利半导体实验室（后衍生出著名的仙童公司）是硅谷第一家专门从事半导体研发与生产的高科技公司，而仙童公司又衍生出众多半导体公司，其中就有英特尔、AMD 等日后成为引领世界信息科技潮流的全球性公司，它们有力地推动硅谷成为全球半导体的创新与生产中心。斯坦福研究园奠定了硅谷高科技产业的空间基础，更是建立了硅谷“大学—工业综合体”的雏形。

在此阶段，硅谷凭借其临近西海岸的地理区位以及早期斯坦福大学在电子工程学领域的研究优势而成为这一时期美国国防工业的集聚地。在朝鲜战争、冷战和美苏太空竞争等的刺激下，美国国防部和宇航局投入大量资金用于研发先进技术，为硅谷的产业研发提供了早期的金融与市场业务支持。战争结束后，国防技术逐渐商业化并转向民用，由政府和民间共同开发、使用和经营，进而为硅谷播撒下科技研发的种子。更为重要的是，大量的国防支出还促进了硅谷地区及其企业技术基础设施和相应支撑行业的建立，以惠普、洛克希德为代表的科技型公司在巨额国防合同的支持下得以迅速发展。

2. 研发与创新网络形成阶段(1970—1980)

1970 年以来，来自日本企业的激烈竞争促使硅谷的半导体工业进入到更为专业化的芯片领域。1971 年，由英特尔公司的特德霍夫研发的微处理器使美国率先进入到微电子时代，引发了计算机产业的革命性变革。卡斯特尔甚至认为，至今没有哪一项技术像微电子那样决定了一个城市乃至一个地区的发展。在此时期，以苹果公司为龙头的硅谷个人电脑产业取得爆炸式增长，同时，以太阳微系统为代表厂商的计算机工作站业务也在硅谷蓬勃开展。到 1980 年代中期，计算机产业已经取代半导体产业成为硅谷的主导产业部门。

这一时期，大量的高科技创业公司、技术人才与天使投资人等围绕着计算机产业在硅谷集聚，他们彼此之间经常进行非正式的聚会，通过面对面的交流来共同破解技术性难题或企业运营瓶颈，这种促使技术创新、劳动力和创新文化紧密结合的社会网络，是促进硅谷技术研发与科技创业的真正源泉。在这种非正式网络中，最为出名的是由一群电子工程师与计算机爱好者组成的“自制计算机俱乐部”，彼此定期会面以交流与分享该领域内的信息与发展状况。这个网络中的成员有苹果计算机的发明者史蒂夫伍兹尼克以及微软创始人比尔·盖茨，并相继成立了 22 家高科技公司。网络还催生了硅谷风险投资的起步与发展，创造了自我支持的金融系统，以第一批成功企业家所积累的财富去投资与培育下一批企业家。到 1970 年代中期，硅谷已经建立起了自己的社会网络，包括产业基础、支持性的金融、法律、会计等生产性服务活动以及其他专业性组织，形成了硅谷以自我支持为特点的研发与创新网络。

3. 全球创新网络阶段(1990—2000)

1990 年代初期，半导体和计算机硬件行业的国际竞争日趋激烈，硅谷由于成本优势的丧失而一度处于短暂的低潮期。1993 年，由网景公司成功研发的浏览器开启了全球的互联网时代。网络经济的繁荣，带动了软件业的兴盛，使得硅谷的经济重现生机。施乐、思科、网景、雅虎等网络硬件与服务公司成为新时期引领全球高科技产业发展的弄潮儿。

在此阶段，硅谷公司逐步将价值链中低端的制造、封装等环节分散到劳动力成本更低的临近各州和发展中国家，保留高端的研发与设计环节，保持在先进制造与研发创新方面的高水平优势。1990 年代中期以来，跨国公司主导下的研发全球化愈演愈烈，硅谷的全球性公司从其全球战略出发布局其跨国研发体系，在更为广阔的国际空间层面谋求科技与研发要素资源的获取与累积；同时，硅谷由于本身在专业技术方面的领先优势，不断吸引外部研发资源在此汇集，在集聚效应的作用下推动硅谷成长为全球的科技与研发创新中心。

表 3.3　硅谷地区重要企业衍生情况

硅谷地区	企业创业者	衍生企业数
苹果	94	71
思科	41	35
惠普	117	99
英特尔	76	68
甲骨文	73	57
硅谷图形	50	37
升阳	101	79
IBM	82	77

4. 全球竞争与创新网络阶段(2000 年以来)

进入 21 世纪以来，硅谷的研发与创新发展又面临新的挑战。日益激烈的全球竞争以及由美国次贷危机所引发的全球金融风暴都拖累硅谷的相关产业跌入低谷。2008 年，硅谷的失业率飙升至 11%，远远高于美国同期的平均水平。然而，危机背后，也预示着新一轮的技术革命浪潮正在酝酿与开启，面对全球竞争与金融风暴，硅谷产业再次迎来升级与转型。

随着国际分工的日益深入，以全球性公司为代表的硅谷企业纷纷走向全球扩张之路。作为全球新兴产业的策源地，硅谷丰富的科技资源与高科技产业优势，吸引了众多国际科技巨头纷至沓来，或将总部迁于硅谷，或在硅谷设立研发中心。大量跨国公司研发机构汇集硅谷，意味着全球价值链中高附加值研发环节的高度集中，极大提升了硅谷的技术控制力，使之成为推动世界经济增长的技术极区。

风险投资所代表的资本走向在很大程度上被视作一个地区未来技术研发与产业发展方向的指示器。当前，硅谷已有大量风险资本涌向全球经济领域，极大地提高了硅谷技术的研发与创新力度。硅谷在研发方面取得突破性进展的企业风头正劲，如位于帕兰奥多的特斯拉电动汽车。硅谷在持续巩固其在信息、通讯和互联网等领域技术竞争优势的同时，再次引领全球的技术创新步伐，成为可替代能源、清洁技术、新电池技术以及绿色设计的全球研发与创新中心，逐渐成为创新公司的栖息地。

三、重要启示

1. 高科技的驱动

硅谷从无到有，成为全球最大微电子产业基地，靠的是抓住了高新技术尤其是信息技术发展的历史机遇。二战后的电子工业技术的创新，即 20 世纪 60 年代的半导体技术，80 年代的个人电脑，90 年代的互联网，均与硅谷密不可分，这让硅谷领导世界科技新潮流，并在人才、资金、市场等方面占据了主动权。

2. 竞合的关系网络

硅谷的企业相互间形成了广泛的关系网络，有利于企业创新的知识和信息能够在网络内迅速传播。此关系网络不仅没有消除竞争，反而使区域内竞争加剧。硅谷就是在这种既竞争又合作的网络关系中增强了竞争力。

从仙童半导体公司衍生出来的公司，其创立者及员工间保持着非常紧密的联系，衍生公司对原企业和仙童公司保持着一种忠诚与合作。这种特殊的关系网络，能够使硅谷创新网络丰富、活跃。与传统企业相比，硅谷的企业是用工作来形成组织结构，而非以组织结构明确工作。硅谷的创新网络中大学与企业、政府及相关中介机构等主体间相互分工与协作，共同形成了以区域创新网络为基础的产业体系。

3. 鼓励创新创业的独特文化氛围

硅谷在敢于冒险、不断创新的氛围中，产业集聚区的企业和人员会自觉地进行创新。硅谷企业内的员工平均就业时间不会超过三年，超过三年便被认为是无能的表现，他们有不断跳槽的习惯，把跳槽当成自己充电的一种方式。硅谷内的人们把失败看成是成功的阶梯，所以对失败抱着一种非常宽容的态度。这种独特的文化氛围促使硅谷内不断衍生新公司，新公司的出现不但增加了硅谷的企业规模，也对已有公司形成一种压力，促使所有的公司始终保持着不断创新的能力。

4. 企业与大学的紧密联系

硅谷的企业与斯坦福大学、加州大学伯克利分校等世界著名大学和其他科研院所不仅地理上相邻，且业务联系非常密切，许多大学教员和科研院所的研究人员在企业内担任顾问，甚至也可以直接开公司。大学和科研院所为企业提供了新思想、新工艺、新技术等资源，企业促进了科研成果的商品化，促进了产学研的一体化。硅谷高新技术产业的创新能力主要来自于企业与大学和科研院所的紧密结合。

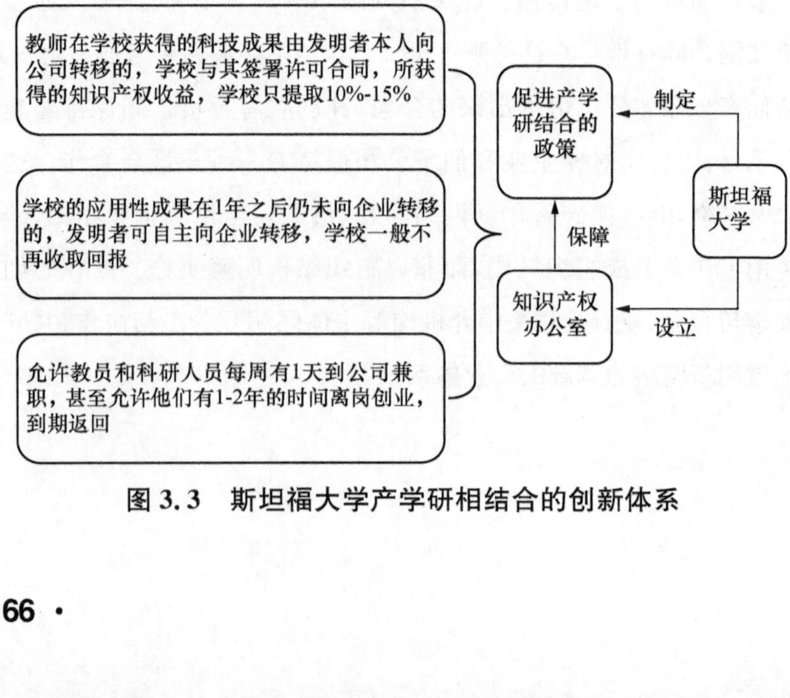

图 3.3　斯坦福大学产学研相结合的创新体系

5. 完善的软硬环境的支持

硅谷不仅有较完备的道路、通讯、城建等基础设施，而且有人才、技术、风险资金等软环境，为硅谷企业的发展和创新提供了重要的内外部环境，为硅谷创新网络的培育起到了不可替代的作用。

6. 政府创新的政策

硅谷没有经过政府事先的规划，也没有财政投资和行政管理。恰恰是美国政府的创新创业、产权、技术入股、企业上市等政策，为硅谷高科技企业发展创造了一个开放、公平的竞争环境和完善的公共服务体系。美国建立了一套完善的鼓励创新、保护创新的法律体系，包括《专利法》《商标法》《版权法》《反不正当竞争法》等，《拜杜法案》使私营企业享有联邦自主科研成果的专利权成为可能，从而产生了促进科研成果转化的强大动力。

第八节　巴黎大区产业技术创新系统建设经验及启示

一、发展概况

巴黎大区是法国本土 22 个大区中的一个，这 8 个省共包含 1 281 个市镇，区域面积 12 000 平方公里，占法国领土的 2%。2014 年，该区域就业人数占全法比重 27%，企业数量占全法企业总数的 41.2%。在法国 22 个大区中，巴黎大区被公认为两个"最具创新能力"的大区之一，原因在于巴黎大区云集了众多的高校、科研机构，无论是公营机构还是私营企业都在从事着质量很高的科研项目。据不完全统计，巴黎大区近 70 万家中小企业中，近一半是从事尖端工业研发的创新型企业。而为了让这些数量庞大的创新型企业更好地实施创新，推动区域产业和经济的持续发展，巴黎大区政府依托大区创新中心（The Paris Region Innovation Centre），将区域内的大学、科研中心、大型集团和中小型工业企业有机地结合在一起，形成有效互补的创新生态系统，并以创新项目作为抓手，运用资金纽带，将这一生态系统中的各个环节"发生联系"，卓有成效地共同致力于创新的实施。

二、演变过程

工业革命开始之初，法国产业发展的划分并不明显，大中小企业并存。随着工业化进程的飞速发展，首先工业产业逐渐与农业分离开来，各种新兴产业慢慢崭露头角，1911 年巴黎大区形成了冶金业、食品工业、化学工业三大支柱产业。除此之外，在此期间当时被称为巴黎贵族消费产业的服装制作、奢侈品生产和网络高新技术产业也已浮现，以满足在巴黎的大量上流社会和新贵们的需要。网络化产业中设立的企业也在缓慢增加，吸纳的就业人数也随之上升，而这些网络化企业的设立中有 77.3%集中在巴黎大区辐射范围内。巴黎大区的网络化产业技术创新的发展历程主要经历了五个阶段：

第一，基础性物质生产阶段。这期间，巴黎大区处于工业发展的蓬勃期。此时，工业化的生产为各行业的区分以及划分铺垫了一定的物质基础。但是，随着网络化基础生产企业的设立，为整个巴黎大区的网络运营发展提供了基础性支柱。

第二，巴黎大区的产业的网络化创新建设的科研技术手段逐步进入现代化阶段，即普及计算机和计算机应用技术；这一阶段的巴黎大区的各个领域的领头大中企业，发展速度迅猛。当时各个领域的发展已经为社会的发展打下了良好的基础，因此巴黎大区网络化科研创新及其技术普及起始于20 世纪 80 年代初。

第三，巴黎大区在 1986 年开始正式着手网络化基础建设，提前为未来产业网络化的建立进行必要的准备工作。与此同时，网络化产业技术中心的相关机构、管理机构、图书馆、文献中心、实验室和各研究单位利用计算机硬件和软件设备，都按照统一的网络化发展前期必要处理模式进行安排。这一阶段的投入实现了信息存储自由化、资源共享化和结构连接化。

第四，巴黎大区科研信息化阶段，即大力开发信息系统软件、建设局域网。由于科技区(如 Saelay-Palaiseau 科技区)的连带作用和在马尔内河谷、埃维里、圣岗廷、凡尔赛、赛尔日等地创建了大学，随之网络化技术研发中心在此地区慢慢酝酿产生。这也是巴黎大区网络化产业技术创新中心的形成基础。巴黎大区私营科研的份量占有绝对比重，随着巴黎大区高新技术产业的不断进驻，私营网络化产业研发力度远远超过国营科研中心。巴黎大区科研投入比重大，盈利额度空间广阔，科研力量在许多领域都很强。

第五，巴黎大区各类新兴行业中的企业开始向网络化的方向努力，各企业紧锣密鼓地进行信息系统建设和软件开发，力求成为全球互联网的一部分，真正实现对科研网络化产业的实现。巴黎大区各个企业先后招聘各类IT人员，建立了650个服务器，开发了14种系统软件和数据库软件。

三、重要启示

1. 创新中心：为创新提供一切尽可能的援助

巴黎大区创新中心在2009年初设立，是一个新的机构，但它是由原有的一些创新机构合并而成的。这些原有的机构，有些已经运作了20多年。创新中心现有工作人员的薪酬是由法国高等教育部和创新署拨出资金来支付的。创新中心的任务主要有三个：促进和支持创新项目、组织创新人员构建网络以及实施新的创新公共补助。在巴黎大区，不管是中小型企业、研究实验室还是私人团体，其研发项目一旦有所突破，就都可以得到巴黎大区创新中心的支持；同时，巴黎大区创新中心还组织公立或私立机构在研究、创新和经济发展方面的人才进入他们所构建的网络之中，加强他们之间的相互合作，以提高整个地区的竞争力。此外，巴黎大区创新中心所选择的实验室或中小企业项目，可从巴黎大区和法国创新署（OSEO）处得到财政资助。组建这一个涵括多方资源、并为企业需求提供一切尽可能援助的“创新网络”，是支持中小企业创新的有效途径。

2. 创新生态系统：在正确的时间找到正确的人

在巴黎大区，整个创新生态系统的构造是非常复杂的，形形色色的机构都参与其中。包括大学、科研机构，以及一些国际、国家或地方层面的科研网络，此外还有一些以网络形式存在的企业集群、企业家俱乐部或融资网络，投资者和银行以及其他一些投资的支持者，如商会、竞争力中心、孵化器等机构。所以，参与者是非常丰富和复杂的。对此，创新中心的作用便是把该生态系统中所有的创新资源都有机组合起来，帮助中小企业“在正确的时间找到对的人”——合适的合作资金和伙伴，这就是创新中心的核心工作。

3. 生态系统支持创新“并无国界”

在巴黎大区设立的外国企业也可以获得创新中心的资助，条件是该企业必须是一个独立的中小型企业，同时，如果该企业有创新计划，并且这个计划能够在法国或欧洲得以实施，那么该企业或该项目就可以得到巴黎大区创新中心的支持。

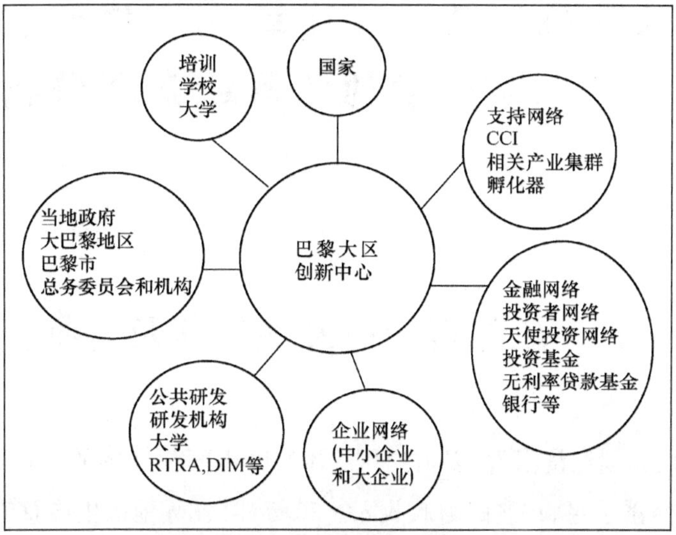

图 3.4　巴黎大区网络化产业技术创新系统

第四章　江苏省区域网络化产业技术创新系统实践分析

第一节　江苏省产业发展现状及特征分析

江苏是我国经济强省，以占全国1%的国土面积、6%的人口，创造了超过10%的经济总量、10%的财政收入。2015年，江苏地区生产总值超过7万亿元，根据国际货币基金组织的数据，江苏的经济体量在世界主要经济体中排名在第16位。江苏人均GDP突破1.4万美元，已达到中上等收入国家和地区水平。从江苏产业发展特点看，制造业在全国处于领先地位，具有较强国际竞争力；外向型经济明显，产业发展开放度比较高；战略性新兴产业、高新技术产业呈现良好发展态势，部分产业在国内具有较强竞争力。

一、制造业具有较强竞争力

1. 制造业门类齐全，规模总量领先全国

2016年，江苏规模以上工业增加值35 433.23，占全国比重14.3%，总量规模继续保持全国第一位。规模以上工业增加值同比增长7.7%，增长速度领先全国及沪、浙、鲁、粤等沿海省(市)。2016年全年实现高新技术产业产值6.7万亿元，占规模以上工业总产值比重达41.5%。战略性新兴产业销售收入4.9万亿元。先进制造业发展态势良好。汽车制造业实现产值

7 967.7 亿元（同比增长 13.1%）；医药制造业产值3 992.4 亿元（同比增长 12.3%）；专用设备制造业产值 6 450.7 亿元（同比增长 8.4%）；电气机械及器材制造业产值 17 986.5 亿元（同比增长9.4%）；通用设备制造业产值 9 401.6 亿元（同比增长 6.4%）；计算机、通信和其他电子设备制造业产值 19 438.7 亿元（同比增长 2.3%）。代表智能制造、新型材料、新型交通运输设备和高端电子信息产品的新产品产量实现较快增长。全年工业机器人产量增长 90.6%，服务器增长 50.2%，碳纤维增强复合材料增长 36.6%，智能手机增长 30.2%，智能电视增长 21.0%，太阳能电池增长 22.6%。

2. 制造业份额长期领先服务业

2016 年，三次产业增加值比例为 5.4∶44.5∶50.1，服务业首次超过制造业（4.6 个百分点）。如图 4.1 所示，2005 年—2014 年，江苏第二产业比重由 56.6%下降至 47.4%，第三产业比重由 35.6%上升至 47%，但第二产业比重一直高于第三产业。与国内其他先进省市比较，制造业份额明显偏高。如北京、上海，近十年来第三产业比重均大大高于第二产业，2015 年，北京第三产业比重为 79.8%，第二产业占比仅 19.6%；上海第三产业比重为67.8%，第二产业仅为 31.8%。广东省从 2013 年开始，第三产业比重超过第二产业，2015 年达 50.8%，高于第二产业 6.2 个百分点。浙江省从 2014 年开始，第三产业比重超过二产业，2015 年达 49.8%，高于第二产业约 4 个百分点。

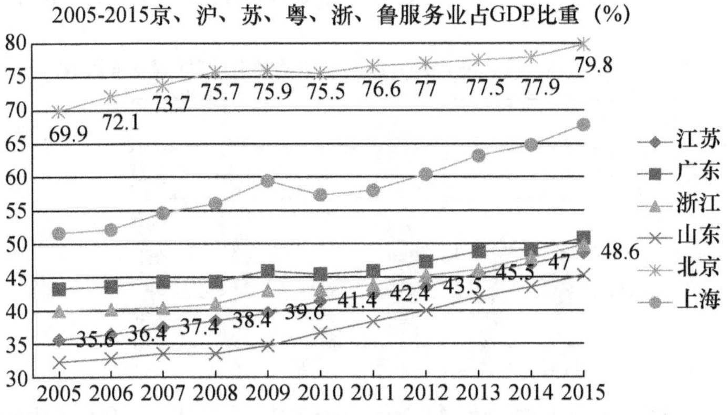

图 4.1　2005—2015 京、沪、苏、粤、浙、鲁服务业占 GDP 比重

3. 从中国企业500强分布情况看,江苏制造业优势显著

根据《2016中国500强企业发展报告》,江苏共有44家企业入选,居全国第四位,少于北京(101家)、山东(49家)、广东(48家),江苏44家企业中,只有7家分布在零售贸易、房地产、邮电通信服务等服务行业,其余37家均分布在制造业中,占比84.1%。在中国制造业500强中,江苏有43家企业入选,入选数量排在浙江(93家)、山东(75家)之后,位列第三。在全国服务业500强中,江苏只有28家,少于北京(51家)、上海(47家)、广东(78家)、浙江(63家),高于重庆(26家)。从行业分布来看,江苏500强企业主要分布在建筑业、纺织印染业、服装鞋帽加工业、化学原料制造业、化学纤维制造业、黑色冶金及压延加工业等行业,这些行业的企业数占据入围总企业数的52%。

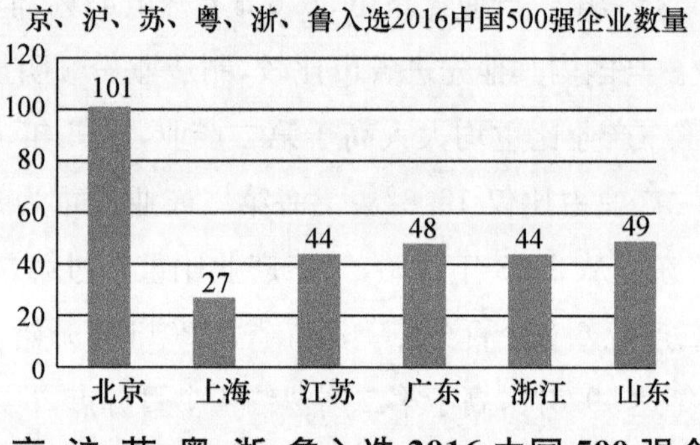

图4.2 京、沪、苏、粤、浙、鲁入选2016中国500强企业数量

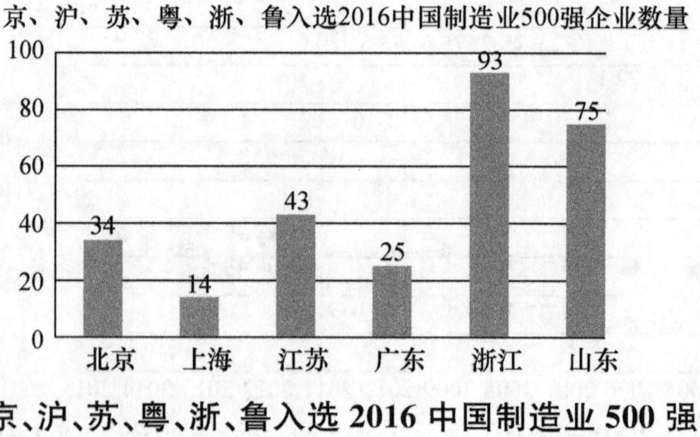

图4.3 京、沪、苏、粤、浙、鲁入选2016中国制造业500强企业数量

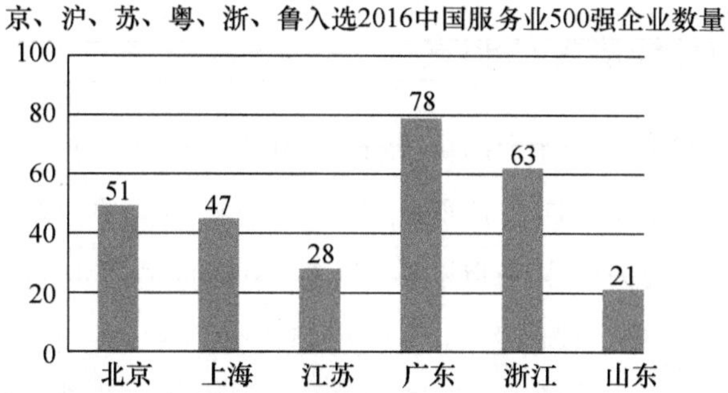

图 4.4　京、沪、苏、粤、浙、鲁入选 2016 中国服务业 500 强企业数量

4. 从行业集中度和区位商看，江苏制造业的竞争力领先于其他省市

根据徐南平、洪银兴、刘志彪(2015)等人的研究，从制造业行业集中度和区位商看，江苏制造业的竞争力领先于其他省市，处于全国第一位。江苏有 16 个行业集中度超过 10%，13 个行业区位商超过 1；广东有 10 个行业集中度超过 10%，10 个行业区位商超过 1；浙江有 9 个行业集中度超过 10%，16 个行业区位商超过 1。虽然山东有 17 个行业集中度超过 10%，15 个行业区位商超过 1，但山东集中度超过 20%、区位商超过 2 的行业数要远少于江苏。从集中度看，江苏有 16 个集中度超过 10%的行业中，化学纤维制造业集中度达到 33.99%，仪器仪表及文化、办公用机械制造业为 32.16%，通信设备、计算机及其他电子设备制造业为23.3%，电气机械及器材制造业为 22.66%，纺织服装、鞋帽业为20.71%。从区位商看，江苏 13 个区位商超过 1 的行业中，化学纤维制造业区位商达到了 2.66，仪器仪表及文化、办公用机械制造业为 2.52。集中度超过 10%并且区位商超过 1 的行业分别是纺织业，纺织服装、鞋、帽制造业，木材加工及木、竹、藤、棕、草制品业，文教体育用品制造业，化学原料及化学制品制造业，化学纤维制造业，黑色金属冶炼及压延加工业，金属制品业，通用设备制造业，专用设备业，电气机械及器材制造业，通信设备、计算机及其他电子设备制造业和仪器仪表及文化、办公用机械制造业[①]。

① 徐南平，洪银兴，刘志彪. 创新型省份建设与江苏的探索[M]. 南京：南京大学出版社，2015.

二、外向型经济特征明显

近 20 年来，江苏充分利用国际制造业资本不断地向中国东部地区转移的历史机遇，各地方政府通过招商引资手段创新和竞争，以工业开发区、高新区建设的形式，大力吸引来自欧美、日本、中国台湾等地的 FDI，形成了外资主导性的产业集群。2015 年江苏进出口总额 5 456.1 亿美元，仅次于广东省，居全国第二位；出口额3 386.7 亿美元，仅次于广东省，居全国第二位；外商直接投资 242.7 亿美元，仅次于广东省，居全国第二位。但 2005—2014 年十年间，江苏外商直接投资额一直高于广东，居全国第一位，2015 年，仅以 26 亿美元之差被广东省赶超。

图 4.5　2005—2015 京、沪、苏、粤、浙、鲁外商直接投资额

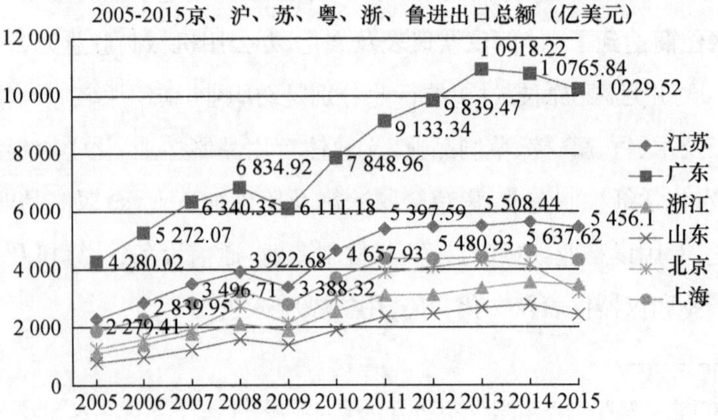

图 4.6　2005—2015 京、沪、苏、粤、浙、鲁进出口总额

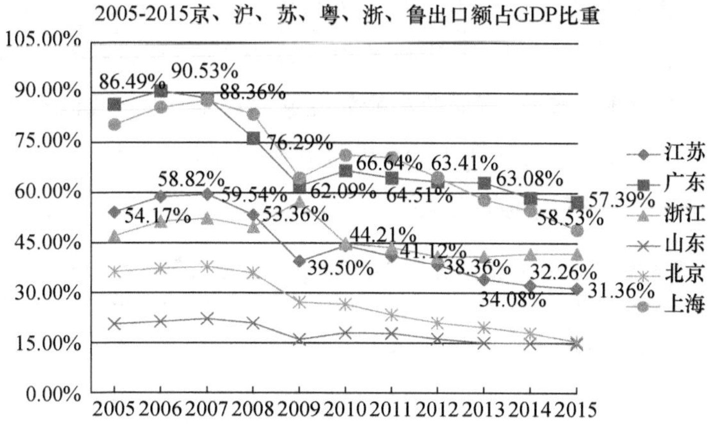

图 4.7　2005—2015 京、沪、苏、粤、浙、鲁出口额占 GDP 比重

三、战略性新兴产业发展呈现良好态势

1. 江苏高度重视战略性新兴产业发展

江苏充分重视战略性新兴产业的发展。2010 年 8 月,《江苏省新兴产业倍增计划(2010—2012)》出台,要求重点发展新能源、新材料、生物技术和新医药、节能环保、软件和服务外包、物联网六大新兴产业。2011 年 12 月,《江苏省"十二五"培育和发展战略性新兴产业规划》出台,将信息能源、新材料、生物技术和新医药、节能环保、新一代信息技术和软件、物联网和云计算、新能源汽车、高端装备制造业、智能电网和海洋工程装备定为江苏十大战略性新兴产业,力争使其成为引领江苏国民经济发展的先导产业和支柱产业。2015 年,江苏省委、省政府正式发布《中国制造 2025 江苏行动纲要》,确定了 15 个重点领域:集成电路及专用设备、网络通信设备、操作系统及工业软件、云计算大数据和物联网、智能制造装备、先进轨道交通装备、海洋工程装备和高端船舶、新型电力装备、航空航天装备、工程和农业机械、节能环保装备、节能型和新能源汽车、新能源、新材料、生物医药和医疗器械等产业。2016 年 11 月,江苏省政府发布《江苏省"十三五"战略性新兴产业发展规划》,提出了到 2020 年战略性新兴产业销售收入突破 7 万亿元、增加值占地

区生产总值的比重力争达到15%的发展目标。重点发展新一代信息技术产业、高端软件和信息服务业、生物技术和新医药产业、新材料产业、高端装备制造产业、节能环保产业、新能源和能源互联网产业、新能源汽车产业、空天海洋装备产业、数字创意产业十大战略性新兴产业，涉及44个子领域。

发展重点及子领域见下表4.1。

表4.1 “十三五”期间江苏战略性新兴产业重点发展领域一览表

重点领域	子领域
（一）新一代信息技术产业	1. 物联网
	2. 下一代信息网络
	3. 高性能集成电路
	4. 新型显示
	5. 新型电子元器件
（二）高端软件和信息服务业	1. 大数据
	2. 云计算
	3. 高端软件
	4. 信息技术服务
	5. 人工智能
（三）生物技术和新医药产业	1. 生物医药
	2. 生物医学工程
	3. 生物农业
	4. 生物制造
（四）新材料产业	1. 先进基础材料
	2. 关键战略材料
	3. 前沿新材料

续表 4.1

重点领域	子领域
（五）高端装备制造产业	1. 智能成套系统
	2. 智能机器人
	3. 增材制造
	4. 高端数控机床
	5. 新一代轨道交通
	6. 高端专用装备
（六）节能环保产业	1. 高效节能
	2. 先进环保
	3. 资源循环利用
（七）新能源和能源互联网产业	1. 新能源
	2. 能源互联网
（八）新能源汽车产业	1. 整车
	2. 动力电池
	3. 驱动系统
	4. 集成控制
	5. 便捷基础设施
（九）空天海洋装备产业	1. 海洋工程装备
	2. 高技术船舶
	3. 航空航天
（十）数字创意产业	1. 数字内容与开发
	2. 数字设计与服务
	3. 数字技术与装备

2. 江苏战略性新兴产业规模居全国前列

“十二五”期间，江苏十大战略性新兴产业产值年均增长 26%，2010 年、2012 年、2014 年产值分别突破 2 万亿元、3 万亿元、4 万亿元，四年间翻了一番。2014 年，江苏十大战略性新兴产业实现销售收入跨过 4 万亿元台阶，占规模以上工业总产值比重达29.4%。2015年、2016年,江苏战略性新兴产业销售收入分别为4.5万亿、4.9万亿。其中,新材料、节能环保、新一代信息技术和软件、光伏、海工装备、生物医药等产业规模居全国领先地位。节能环保产业占全国比重达25%,光伏产业占全国比重近50%,海洋工程装备产业占全国市场份额超过30%。战略性新兴产业研发投入超千亿,战略性新兴产业发明专利占全省比重超过40%,累计建成战略性新兴产业国家和省级以上创新平台超2 300家。全省高新技术企业超1万家,战略性新兴产业企业占比超过70%,全省275家沪深上市公司中,战略性新兴产业企业占比超过40%,全省126家超百亿企业中,战略性新兴产业企业比重超过60%。

3. 部分领域竞争力国内领先

高端装备制造产业方面,徐工集团成功研发了全球最大的4 000吨级履带式起重机、2 000吨级全地面起重机、400吨级矿用挖掘机和卡车、百米级亚洲最高的高空消防车等一系列代表中国乃至全球先进水平的产品,出口总额稳居国内同行首位。在光伏领域,常州天合光能"晶硅光伏电池及组建制造工艺关键技术"处于世界领先水平,光伏产业规模约占全国的一半、全球的1/5。在智能电网领域,南瑞继保特高压输电技术与装备、大电网安全稳定控制、继电保护等多项技术处于全球领先地位。在新材料领域,碳纤维、纳米材料、石墨烯三大前沿材料处于国内领先地位。在高性能纤维、新型建筑材料、纳米材料、功能陶瓷材料、新型化工材料、新能源材料、新型金属材料等7个技术领域发明专利申请居全国第一位。在生物医药产业方面,江苏生物催化转化技术取得关键性突破,转基因育种技术水平位居全国前列,基因芯片、抗体诊断等生物信息技术达到国际先进水平,扬子江药业奥美拉唑肠溶胶囊正式进入欧盟市场。节能环保产业方面,江苏生物质直燃锅炉、百万千瓦压水堆核电站核关键阀门等一批高新技术和产品填补国内空白,达到国际先进水平。物联网产业方面,中科院无锡高新微纳传感网工程技术研发中心等单位在国内较早地开展了物联网核心技术研发、科技成果转化、应用示范推广等工作，在国际国内相关标准制定中发挥着重要作用。在大数据和云计算领域，无锡神威太湖之光获世界超级计算机排名榜单 TOP500 第一名。

表 4.2　江苏十大战略性新兴产业发展概况

产业	产业规模及主要优势
节能环保产业	产业规模全国第一，约占全国 1/4，2015 年实现主营业务收入 7 500 亿元。环保装备产值占全国 1/3 左右，水处理占全国 40％的市场份额、烟气治理占全国 35％市场份额，建有 14 家国家级重点研发机构。
新一代信息技术和软件业	产业规模全国第二，2015 年实现销售收入 12 705 亿元，集成电路产业规模占全国 40％，封装测试全国第一、芯片制造全国第二，新型平板显示规模全国前三，软件产业全国第一。有效发明专利总量居全国第二。
物联网和云计算	无锡传感网和云计算技术国内领先，无锡、常州、镇江、泰州等被列入首批国家试点智慧城市，物联网和云计算市场应用前景广阔，呈现高速增长态势。
医药及生物技术产业	2014 年，全省生物技术和新医药产业实现产值 7 053 亿元，其中，医药产业产值3 654.5 亿元，占全国的 1/7，化学药制剂、医疗器械规模全国第一。13 家企业入选中国医药工业企业百强，7 家企业入选中国医药企业创新力 20 强。
高端装备制造业	2015 年装备制造业实现产业 6.4 万亿元，规模居全国首位。高端装备制造产业过万亿，占装备制造比重 16.7％。拥有全国机械工业百强企业数量连续多年居全国前三。
海洋工程装备产业	我国第一造船大省和世界重要的产业基地。自主设计与建造有突破，产业规模全国第一，占全国市场份额超过 30％，占世界市场份额年均达到 10％以上。
新能源产业	产业规模全国第一，2016 年实现收入 3 557 亿元。光伏产业 2 900 亿元，占全国 50％左右，占全球 20％以上。风能装备成套机组制造企业数量居全国首位，风能整机制造能力达 100 万千瓦，风力发电机和高齿轮箱、回转支承等关键零部件在国内市场占有率达 50％。
智能电网产业	2016 年实现销售收入 1 536 亿元，授权发明专利超过 360 件，技术创新水平居全国首位。电力系统自动化监控、继电保护等具有国际影响力，全国重要的超高压、熔铜变压器生产基地之一，具备较强的特高压电力变压器、新能源并网及控制设备等生产能力。

续表 4.2

产业	产业规模及主要优势
新材料产业	产业规模全国第一，约占全国15%左右。2016年，实现产业1.83万亿元，碳纤维、纳米材料、石墨烯三大前沿材料处于国内领先地位。在高性能纤维、新型建筑材料、纳米材料、功能陶瓷材料、新型化工材料、新能源材料、新型金属材料等7个技术领域发明专利申请居全国第一位。
新能源汽车产业	2015年全省产销新能源汽车超过3.2万辆，实现销售收入200多亿元，具有一批实力较强的电动汽车整车制造企业，新能源汽车产业零部件配套能力强，电动汽车研制步伐加快。

四、高技术产业总体竞争力位居全国第二

我们根据《中国高技术产业统计年鉴(2011—2015年)》提供的原始数据，建立了由15个指标组成的综合评价指标体系，编制了全国31个省市高技术产业综合竞争力指数，综合竞争力指数下设产业规模指数、出口指数、经济效益指数、创新投入指数、创新产出指数五个分指数。同时重点将江苏与广东、北京、上海、山东、浙江等发达省市高技术产业综合竞争力指数进行了比较。结果显示，江苏高技术产业综合竞争力指数位居全国第二位，仅次于广东。2014年，江苏高技术产业综合竞争力指数得分82.9，仅次于广东(92.3)，居全国第二位。从各分指数来看，除经济效益指数(80.4)低于山东

表 4.3　2014年苏、粤、京、沪、浙、鲁高技术产业综合竞争力指数排名

	产业规模指数		出口指数		经济效益指数		创新投入指数		创新产出指数		综合竞争力指数	
	得分	排名	得分	排名	得分	排名	得分	排名	得分	排名	得分	排名
广东	100.0	1	100.0	1	68.5	18	92.9	1	100.0	1	92.3	1
江苏	89.8	2	85.8	2	80.4	8	82.4	2	76.2	2	82.9	2
山东	70.2	3	63.4	8	94.3	1	70.2	3	65.6	5	72.7	3
北京	63.8	9	62.5	9	85.3	5	64.9	7	66.1	4	68.5	5
浙江	66.3	6	63.6	7	73.4	12	69.9	4	66.2	3	67.9	6
上海	67.3	4	66.4	4	72.8	15	65.8	5	64.8	6	67.4	7

(94.3)和北京(85.3)外，其余四个指数(产业规模指数、出口指数、创新投入指数和创新产出指数)均居全国第二位，说明江苏高技术产业发展整体比较均衡，综合实力较为雄厚。

分产业看，江苏医疗仪器设备及仪器仪表制造业综合竞争力指数全国第一，其他四大产业均居全国第二。2014 年，在高技术产业的五大细分产业中，江苏医疗仪器设备及仪器仪表制造业综合竞争力指数得分 97.9，居全国第一位，遥遥领先于广东(76.4)、浙江(73.8)、山东(71.5)、北京(69.4)、上海(69.4)。而且，江苏医疗仪器设备及仪器仪表制造业在五项分指数(产业规模指数、出口指数、经济效益指数、创新投入指数和创新产出指数)上的得分均高于广东、山东、浙江、北京、上海，具有绝对的优势。江苏医药制造业综合竞争力指数得分 93.4，略低于山东(95.9)，居全国第二位。江苏航空、航天器及设备制造业综合竞争力指数得分78.3，低于辽宁(82.7)，居全国第二位。江苏电子及通信设备制造业综合竞争力指数得分 75.5，低于广东(92.5)，居全国第二位。江苏计算机及办公设备制造业综合竞争力指数得分 80.6，低于广东(89.7)，居全国第二位。

表 4.4　2014 年各产业苏、粤、京、沪、浙、鲁综合竞争力排名及指数

	医药制造业		航空航天器及设备制造业		电子及通信设备制造业		计算机及办公设备制造业		医疗仪器设备及仪器仪表制造业	
	得分	排名	得分	排名	得分	排名	得分	排名	得分	排名
北京	70.0	9	74.9	4	64.7	10	69.4	4	69.4	5
上海	69.6	10	71.5	7	64.2	11	68.5	5	69.4	6
江苏	93.4	2	78.3	2	75.5	2	80.6	2	97.9	1
浙江	82.3	3	62.2	16	66.5	6	62.4	14	73.8	3
山东	95.9	1	65.0	14	67.0	4	71.6	3	71.5	4
广东	77.3	4	77.6	3	92.5	1	89.7	1	76.4	2

第二节　江苏省网络化产业技术创新系统特征分析

在区域网络化产业技术创新系统建设过程中，我们认为有五个方面的基本力量支配着区域创新能力的发展，一是政府作用与市场机制的相互关系，二是企业与其他创新组织的关系，三是自主创新与开放创新的关系，四是产业创新集群的培育，五是创新生态系统的营造。从这五个方面分别进行考察，我们认为可以从以下五个方面来揭示江苏网络化产业技术创新系统发展特征。

一、政府的支持引导作用

江苏省委省政府十分重视科技创新对经济发展的引领作用，主动适应新一轮科技革命和产业变革要求，加强前瞻性技术布局，抢占新一轮国际竞争发展制高点；把增强企业创新能力作为实施创新驱动发展战略重中之重的任务，着力培育以高新技术企业为骨干的创新型企业集群；把人才资源开发放在科技创新最优先的位置，着力打造高层次创新创业人才高地。

1. 支持前瞻性技术研发

“十二五”期间，江苏以战略性新兴产业为重点，通过实施产业前沿领域培育计划在纳米科技、生命科技、新一代信息技术等具有高成长性、渗透性和辐射性的产业前沿领域，设立10大产业前沿科技专题，突破了一批前沿核心技术、产品群和创新型企业。部署建设南京无线谷、苏州纳米、无锡传感、泰州医药等国家级创新平台基地，以一流创新平台集聚一流创新资源，打造一流产业技术创新中心，力争在前沿先导技术、核心关键技术和重要技术标准研究等方面取得突破，努力掌握一批具有自主知识产权和广泛应用前景的重大原始创新成果，加快形成前瞻性产业先发优势，积极抢占产业技术制高点。同时，省财政每年安排10亿元实施高校优势学科建设工程，瞄准科技发展前沿，加强高水平学科团队和创新平台建设，夯实前瞻性战略性产业研发的前沿基础。“十三五”期间，江苏将在以下重点领域进行前瞻性布局。

表4.5　“十三五”期间江苏新兴产业前沿技术研发布局重点

产业领域	重点突破核心技术
新材料产业	重点突破高质量单分散纳米材料低成本宏量可控制备技术、高性能纳米材料与器件制造技术、单层/氧化石墨烯的规模化生产技术、T1000和M55J级别碳纤维规模产业化技术、新一代单晶/粉末高温合金制备与加工技术、高性能化低成本膜材料及组件制备与应用技术等核心技术。
新一代信息技术和软件产业	重点突破大数据存储处理技术、新型软硬件基础设施和关键技术、一体化融合网络技术、新型光传输和光网络技术、第五代移动通信技术、高端芯片设计技术、工业异构异质网络融合技术、工业互联网体系架构技术、低耗高能新型传感技术、节点组网及系统集成技术等关键核心技术。
新能源产业	重点突破钙钛矿/有机薄膜柔性太阳能电池技术、间歇式大规模能源集中并网技术、可再生能源分布式供能等技术、第四代核电关键零部件及控制系统制造技术、新能源汽车及动力电池制造技术。
智能制造产业	重点突破三维打印核心装备制造技术、三维打印用高性能成型材料及生产工艺优化技术、工业化纤维/半导体大功率激光器制造技术、复杂构件激光加工技术、工业机器人智能作业技术、高端服务机器人人机协同与安全技术、特种机器人遥操作与人机智能融合技术。
生物医药产业	重点支持核酸药物、干细胞等前沿技术创新，突破新型疫苗设计、基因工程药物制备、单克隆抗体技术等核心技术；生物农业生产重点支持多基因融合育种、生物发酵、微生物农药基因组织挖掘与分子设计、多联合多价畜禽疫苗设计等技术方向。

2. 培育创新型企业集群

江苏十分重视创新型企业的培育，强化企业创新主体地位和主导作用，提升企业自主创新能力，推动人才、技术、资金等创新要素向企业集聚，构建创新型领军企业、科技型拟上市企业、高新技术企业和科技型小微企业组成的创新梯队。截至2015年，全省已拥有创新型领军企业140家、科技型拟上市企业1 030家、高新技术企业10 814家、民营科技企业超过10万家，创新型企业集群迅速壮大，已经成为创新驱动发展的主力军。

培育创新型领军企业。以增强企业创新能力为核心，采取“一企一策”方式予以集成支持，重点培育创新能力国际一流、规模与品牌位居世界前列、引领产业发展的全球知名的创新型领军企业。充分发挥大型企业创新骨干作用，引导优势资源流向骨干企业集群，支持其开放配置全球创新资源，与掌握前沿技术理论和基础研究的国际顶尖高校共建高水平研发机构，与知名跨国公司共同开展技术创新，牵头组织实施一批核心关键技术研发项目，牵头组建一批产业技术创新战略联盟，创建一批企业科技园，转化一批重大科技成果。对重点创新型领军企业，省科技基础设施计划、省科技成果转化资金、人才团队建设专项、产学研联合创新资金等计划给予重点支持，持续支持其科技平台建设、转化重大原创技术与成果、引进国际顶尖创新人才团队、研发产业前沿重大技术等重大创新项目。

培育高新技术企业。激发中小企业活力，实施科技企业“小升高”计划，加强高新技术企业源头培育。依托高新区、科技产业园、特色产业基地等创新创业载体，建立高新技术企业培育基地，省地联动，组织财税、法律、评估、咨询、知识产权等中介机构，为培育企业提供全流程、专业化服务，推动面广量大的科技型小微企业加速成长为高新技术企业。加强企业核心自主知识产权培育，加大培育企业技术骨干和管理人员培训，组织专业服务机构和专家开展服务，支持和帮助企业建立和利用专利信息数据库，大力推动企业知识产权管理标准化建设，有效提升企业以发明专利为主的核心自主知识产权产出。

培育科技型上市企业。设立省科技型企业上市培育专项资金，对进入上市辅导阶段的科技型上市后备企业给予专项支持，支持其上市科技题材项目研发。针对科技型中小企业关键成长期的创新发展需求，为高成长型科技企业上市开辟绿色通道。集中科技资源，集成科技计划，分类扶持，加大股份制改造和创业板、中小板、新三板等上市关键成长期的支持力度，着力推动具有自主知识产权、市场前景好、诚信规范的高成长型科技企业加快上市融资进程，引导其与多层次资本市场有效对接、做大做强。

培育科技型小微企业。以支持人才创业为重点，建立健全“创业孵化、创新支撑、融资服务”的科技型小微企业培育体系，进一步加强众创空间、大学科技园、留学生创业园等各类科技企业孵化器及科技公共服务平台建设，服务科技型小微企业创新发展。围绕“互联网＋”行动计划，加快以新技术研发、新业态创造、新模式创新为方向的小微企业，促进科技型小微企业持续涌现。

3. 推进企业研发机构建设

企业研发机构是企业创新发展的“内嵌动力”，江苏省一直把鼓励和引导企业普遍建设研发机构作为集聚创新资源、转化科技成果的有效途径，并成立了由科技、发改、经信等 10 个部门组成的联席会议和江苏省企业研发机构促进会，即突出培育 120 家国家级企业研发机构、重点建设 1 000 家左右省级“重点企业研发机构”、建设 10 000 家左右企业研发机构。以抓人才、抓投入、抓管理、抓产出等“四抓”为重点，着力加强企业研发机构内涵建设，提升企业研发机构建设水平。

加大国家级企业研发机构建设，打造标杆和示范。一是引导企业研发高端创新成果。引导国家级企业研发机构开展产业前沿技术研究和应用基础研究，支持建设企业研究院，牵头组织或参与国家重大项目，突破行业核心技术、研发战略目标产品、开发重大装备。二是鼓励企业建设海外研发机构。支持有条件的企业采取并购、收购或直接投资等方式建立海外研发机构，吸引境外高层次科技和管理人才，吸纳国际创新资源、先进技术和成果。三是支持企业融入国际研发体系。支持企业与国际知名大学和研究机构开展联合研发，支持企业加入国际行业组织或联盟，牵头或参与制定国际标准，提升行业地位和影响力。四是打造产业协同创新网络。支持国家级企业研发机构牵头，围绕江苏重点产业链构建创新链，整合产业上下游相关的重点实验室、工程技术研究中心和企业研发机构等平台，打造一批产业协同创新网络或联盟。鼓励有条件的企业研发机构独立运行，整合社会服务机构，不断提升服务全社会的规模和水平，建设一批市场化产业研发服务集团。

加强省级重点企业研发机构建设，培育一批行业一流研发机构。一是支持企业构建技术研发体系。以开展企业研发管理体系“贯标”试点为牵引，引导企业从研发战略、组织结构、资源配置、研发控制等多个层面构建高效的研发体系。鼓励企业制定战略技术路线图，开展知识产权“贯标”和创新方法培训，支持企业创新组织模式、研发模式、管理方式等，降低研发风险，提高研发能力和研发效率。二是引导企业加强集成创新。强化升级重点企业研发机构绩效评价和动态管理，鼓励企业建立研发准备金制度，打造高水平的工程技术应用平台，以集成创新和引进消化吸收再创新为重点，积极开展核心技术攻关和重大成果转化，提升企业核心竞争力。三是鼓励企业构建持续高效的产学研合作。引导省级重点企业研发机构与一批知名高校院所建立持续稳定的产学研合作，支持企业研发机构建设院士工作站、博士后工作站等人才站点工作，申报省“双创计划”、企业创新岗和博士集聚计划，引进高水平人才，促进高校院所和企业研发机构科研人员双向流动。

强化“万家”企业研发机构建设，激发面上企业技术研发活力。一是引导企业强化技术研发活动。鼓励“万家”企业研发机构落实创新优惠政策，用好科技创新券，加大创新投入；支持企业加快企业研究生工作站建设，积极引导博士进企业，广泛开展产学研合作；引导地方和行业协会探索人才共享机制。支持“万家”以市场为导向设立研发项目，加快新技术、新工艺、新产品的研发，有效消除“有机构、无研发”的现象。二是鼓励企业主动参与“互联网+”和“中国制造 2025 江苏行动”，积极利用众创、众包、众筹、众智等研发模式，充分利用社会资源，降低企业研发门槛和风险。三是推进大中型工业企业和规模以上高新技术企业研发机构建设，支持各地建立企业研发机构数据库，强化跟踪管理和服务指导，完善统计分析与监测体系，实行动态管理。

4. 大力集聚科技创新人才

近年来，江苏围绕经济转型升级推进人才队伍“转型升级”，精心组织实施重大人才工程，加大人才引进、培养和开发力度，实行高层次人才队伍建设、高科技成果转化、高新技术产业发展“三高联动”，探索人才优先发展、人才引领发展之路。根据江苏省统计局 2016 年 7 月发布的报告，2015 年江苏共引进境外专家达 102 098 人次，仅次于广东，连续 4 年列全国第二位，占全国引进境外专家总人次的 16.4%。江苏的主要做法如下：

面向新兴产业，引进海外高层次人才。围绕新能源、新材料、生物医药等战略性新兴产业，面向全球招揽高层次创新创业人才。2007 年启动实施“双创计划”，从海外大力引进带技术、带项目、带资金的高层次人才来苏创新创业。截至 2014 年，“双创计划”资助引进 2 709 名领军人才、1 993 名青年博士、186 个团队。“双创计划”引进人才新创办企业1 230 家，其中成长为高新技术企业的 157 家，年销售超亿元的 50 家。在“双创计划”带动下，全省各地实施近百项引才计划，资助引进 2 万多名高层次人才，形成上下联动、竞相引才的生动局面。

立足自主创新，大力培养本土高端人才。坚持集中全省力量培养高端人才，不断提升基础科学研究和产业技术创新能力。自 1997 年实施“333 高层次人才培养工程”以来，培养出一大批各领域的学术技术带头人，其中 61 人当选“两院”院士。实施“科技企业家培育工程”，通过支持科技成果转化、科研团队组建、国内外培训等举措，选拔培养 2 000 多名既通科技、又懂市场的科技型企业家。实施“高技能人才培养工程”，把高技能人才放到与高层次人才同等重要的位置，统筹谋划、加大投入、强化培养考核，培养支撑江苏制造业发展的“能工巧匠”。

构建交流机制，促进人才流动。以人才为纽带，深化政产学研合作，是促进产业提升的有力举措。选派科技镇长团，2008 年开始，从全国高校院所选拔年轻教授、博士组团到县、乡镇（开发区）挂职，团长任副县长，成员任乡镇（开发区）副职。目前，已连续 7 年从全国高校院所选拔 2 666 名专业人才，到全省 96 个县（市、区）挂职服务。探索高校与企业人才“双向挂职”模式，推进产学研无缝对接和人才加速成长。加强人才国际交流合作，积极与发达国家和地区签订人才科技合作协议，支持高校院所、企业与世界名校、名企、重点实验室共建研发基地、产业创新国际合作联盟，鼓励江苏企业在海外设立研发机构，吸引跨国公司到江苏建立总部和研发中心，提升产业国际化水平。

二、产学研协同创新体系

江苏的产学研合作发端于1980年代“星期日工程师”，1990年代以后，企业与全国各地高校院所的联系越来越紧密。近几年来，江苏省依照“集聚资源、互利共享”为总体要求，以产业技术创新为主线，把培育战略新兴产业、服务创新型经济发展作为产学研工作的重中之重，通过推动省院省校合作、广泛建立校企联盟、组织产业技术联盟、共建重大创新载体等措施，深入推进产学研合作。“十二五”期间，江苏产学研“校企联盟”超过1万家，江苏企业与国内980多家高校院所建立稳定的合作关系，企业研究生工作站、企业博士后工作站、企业院士工作站等“三站”3 000多个。

1. 推动省院省校合作

省院省校合作是产学研合作的一种基本形式。“省”指省级政府；“院”指国家级的科研机构，如：中科院、中国工程院等；“校”指高等院校。江苏特别重视与中科院、北京大学、清华大学等高水平高校院所的合作。早在1996年，江苏省与中科院就建立了全面合作关系，20年来累计签署了四次战略合作协议。目前，江苏与中科院的合作已经实现了省辖市、县（市）、中科院应用类科研机构“三个全覆盖”，共同创建的各类创新载体累计达120余家，国家未来网络试验设施等重大科技基础设施稳步推进；每年有6 000多名中科院系统科研人员活跃在江苏创新创业一线。2015年，院省合作项目达1 500多项、销售收入突破1 000亿，连续十年位居各省（市、区）第一。江苏科技企业与北京大学的合作已实现13个省辖市全覆盖，校地共建的研究中心、创新研究院等达到10个，校企联合实验室、研究中心、院士工作站等达17个；签订各类合作项目220多项。江苏省与清华大学合作推进国家超级计算（无锡)中心等重大科技基础设施建设;共建各类载体平台 50 多个,在江苏的各类创新载体中,从事科技创新创业的清华大学人员超过了 1 000 名;实施合作项目 500 多项,合同金额近 200 亿元,成功转化了 OLED 等一批重大科技成果;共同设立引导基金、创投基金和产业基金,管理资金规模近 200 亿元,实现了技术、项目、人才、金融“四位一体”联动。

2. 广泛建立校企联盟

“校企联盟”是江苏省开创的科技服务企业、科技服务社会的新模式。校企联盟采取一对多、多对一、多对多等多种形式,包括六种基本形式:一个高校、院所的单个学科(领域)或团队与一个企业结对实施科技服务;一个学科(领域)或团队面向多个企业服务;多个高校、院所的一批相关学科(领域)或团队集成服务于一个企业或一批企业,形成产学研合作的大联盟;省外乃至海外的高校、院所与江苏省的企业建立合作联盟;高校、院所服务农业,与县、乡(镇)、村合作,建立各类农业科技基地和园区;高校、院所的学科团队与地方或高新园区合作,共建创新平台、基地和联盟等等。“校企联盟”主要的服务方式有科技镇长团、院士工作站(有的表现为高级专家工作站、千人工作站)、企业研究生工作站、企业博士后科研工作站和企业博士集聚计划。为鼓励“校企联盟”,江苏省科技厅进一步加强了“校企联盟”行动与省级各有关科技计划的集成,省产学研联合创新资金、省重大科技成果转化资金、省科技支撑计划均对涉及产学研合作的项目申报提出了“校企联盟”的要求,并对其项目申报给予优先支持。“十二五”期间,江苏产学研“校企联盟”超过 1 万家,参与校企联盟的省内高校院所 100 多家,院所 3 000 多个。

3. 组织产业技术创新联盟

产业技术创新联盟是指由企业、高校、科研院所以及其他组织机构以企业的发展需求和各方共同利益为基础,以提升产业技术创新能力为目标,以具有法律约束力的契约为保障,结合彼此的资源或优势形成的联合开发、优势互补、利益共享、风险共担的技术创新合作组织。形成产业技术创新联盟的基本宗旨是提升战略产业和重点领域的技术创新能力与核心竞争力。在组织形态上，产业技术创新联盟是以企业为主体，以创造知识产权和重要标准为目标，通过产学研联盟成员的优势互补和协同创新形成的一种长效、稳定的利益共同体。在主要任务上，产业技术创新联盟是以产业技术创新需求为基础，在产业发展的关键技术上寻求突破，构建共性技术平台，培育科技创新人才，加速技术推广应用和产业化。在构成要素和运行机制上，产业技术创新联盟有明确的专业技术方向和创新目标，通过契约关系建立以联合开发、优势互补、利益共享、风险共担为主要内容的机制。江苏产业技术创新战略联盟于 2009 年开始启动建立，截至 2013 年，共建成产业技术创新联盟 60 多个，其中国家级 3 个。分布在战略性新兴产业的 34 家，占总数的近 60%，具体名单见表 4.6。

表 4.6　江苏省新兴产业领域产业技术创新战略联盟名单

序号	联盟简称	联盟级别	属地	产业类型
1	节能耗水处理装备产业技术创新战略联盟	国家级	无锡	节能环保产业
2	环保产业技术创新战略联盟	省级	无锡	
3	节能光电源产业技术创新战略联盟	省级	盐城	
4	新型感知产业技术创新战略联盟	省级	苏州	新一代信息技术产业
5	融合通信产业技术创新战略联盟	省级	苏州	
6	新型平板显示产业技术创新战略联盟	省级	苏州	
7	集成电路产业技术创新战略联盟	国家级	无锡	
8	矿山安全物联网产业技术创新战略联盟	省级	徐州	
9	智能交通产业技术创新战略联盟	省级	南京	
10	数控机床产业技术创新战略联盟	省级	南京	
11	3D 打印产业技术创新战略联盟	省级	南京	
12	小核酸产业技术创新战略联盟	省级	苏州	生物医药产业
13	干细胞产业技术创新战略联盟	省级	泰州	
14	医疗器械产业技术创新战略联盟	省级	苏州	
15	海洋生物制品产业技术创新战略联盟	省级	南通	

续表 4.6

序号	联盟简称	联盟级别	属地	产业类型
16	建材机械装备产业技术创新战略联盟	省级	扬州	高端装备制造产业
17	轨道交通产业技术创新战略联盟	省级	常州	
18	机器人与智能装备产业技术创新战略联盟	省级	常州	
19	海洋工程产业技术创新战略联盟	省级	南通	
20	风电产业技术创新战略联盟	省级	常州	新能源产业
21	输变电装备产业技术创新战略联盟	省级	常州	
22	太阳能光伏产业技术创新战略联盟	省级	无锡	
23	凹凸棒石黏土产业技术创新战略联盟	省级	淮安	新材料产业
24	储能材料与器件产业技术创新战略联盟	省级	常州	
25	纳米产业技术创新战略联盟	省级	苏州	
26	电容器及材料产业技术创新战略联盟	省级	南通	
27	再生橡胶新材料产业技术创新战略联盟	省级	南通	
28	家纺设计及新材料产业技术创新战略联盟	省级	南通	
29	新兴玻纤复合材料产业技术创新战略联盟	省级	南通	
30	高性能合金产业技术创新战略联盟	省级	南通	
31	半导体照明产业技术创新战略联盟	省级	扬州	
32	硅材料产业技术创新战略联盟	省级	连云港	
33	石墨烯产业技术创新战略联盟	省级	常州	
34	动力电池产业技术创新战略联盟	省级	泰州	新能源汽车产业

4. 共建重大创新载体

重大创新载体由重点创新型园区联合国内高校、科研院所共同出资建设，其主要目标是吸引高校、科研院所创新资源向高新区集聚，为海内外留学人员来苏创新创业提供重要创新平台，为国家和省级高新区创新园区创新发展提供重要支撑。当前，江苏重大创新载体建设项目分三类实施：一是推动国家重大战略资源布局江苏。引导地方与相关技术领域创新优势明显的海内外科教单位，依托国家重点实验室、国家工程技术研究中心等国家级平台，共建新型分支机构（如产业技术研究院、产业研究发展中心、分所等），联合开展技术开发、成果转化、产业孵化、人才培养等合作。二是推动建设一批综合性产学研联合创新服务平台。重点围绕高新技术产业开发（园）区创新核心区、国家创新型科技园区的主导产业发展，加强产业技术创新公共服务能力建设，重点引进国内外一流科教单位（大型央企）或海外创新团队，与地方和园区共建产业技术研发服务、技术检测等专业技术服务及创业孵化、知识产权等创新创业综合服务平台。探索新兴产业培育的新模式，打造国内一流的集技术研发服务、专业技术服务、产业孵化服务等为一体的大型综合性公共服务平台、科技产业园，充分发挥科技公共服务平台集聚效应，提升区域创新能力。三是推动共建一批企业研发机构。充分发挥江苏雄厚的产业优势和良好的创新环境优势，推动高新技术企业和大中型骨干企业与高校院所紧密结合，共建企业技术中心、工程技术研究中心、校（院所）企联合实验室等各种类型的企业研发机构，全面提升江苏企业自主创新能力。

5. 建设多样化的产学研合作交流平台

江苏非常注重加强产学研合作交流平台建设，强化活动前期的需求对接和后期的跟踪服务、政策扶持，有效提升产学研合作活动的针对性、实效性和可持续性，积极构建多层次、多形式、多手段的产学研合作沟通交流和互动对接平台。

一是打造综合性产学研活动品牌。“中国江苏产学研合作成果展示洽谈会”和“中国江苏国际产学研合作论坛暨跨国技术转移大会”，是江苏重点打造的聚集科教资源、服务企业创新的活动品牌，并在国内外产生一定的影响力，吸引越来越多的国内外具有较高水平的科技成果、专家团队来江苏展示、交流，吸引一大批企业负责人参会洽谈，创造合作机会。2017 年 7 月举办的“中国江苏 · 大院大所合作对接会暨合作成果展示洽谈会”是近年来规格较高的一次产学研专项活动，参会的大院大所共有 268 个，包括加州大学洛杉矶分校、剑桥大学、德国弗劳恩霍夫协会等 116 家境外机构和中国工程院、清华大学、北京大学等 152 家境内机构。参会专家 1 500 多名，包括 4 名诺贝尔奖得主、近 60 名境外院士。大会共达成签约项目或合作意向 3 500 多项，其中投资总额超过千万元的投资项目有 200 多项。二是引导建立专业化的产学研活动平台。围绕重点发展的产业领域，引导地方围绕集群发展的新兴产业或支柱产业，举办产业特色鲜明、活动内容丰富的专业化产学研活动，推动技术、人才、资本等创新要素与区域产业、企业形成良性互动。引导省内高校紧密结合优势学科和重点建设的学科，确定重点产业和重点合作地区，组织“教授团、博士团”等多种形式的专题对接活动，努力为产学研合作各方沟通、交流、合作构筑快捷有效的服务平台。三是加强重点单位专题性技术对接活动。依托中科院等重点合作单位，围绕地方战略性新兴产业培育和特色支柱产业优化升级等需求，每年确定若干领域，由高校院所筛选产业带动性强、市场前景好、技术集成度高的重大技术成果或正在承担的国家重大项目，在前期预对接的基础上，组织课题组专家团队与江苏高新区、科技园、企业家及社会风险投资机构对接洽谈、考察互访，推进相关领域的专家团队与江苏园区和企业建立紧密合作，促进相关技术、成果在江苏的集群转化和产业化。四是提升产学研信息网络服务平台。依托江苏省产学研合作网，完善技术和需求征集发布、企业和专家网上对接、在线管理等功能，加强信息和数据的动态更新，面向各类产学研主体提供信息发布查询、科技咨询、合作交流以及技术中介等服务，建成信息资源丰富、功能多样、使用方便、服务高效、虚拟现实一体、覆盖全省、面向全国的产学研合作信息网络服务平台。

三、高新区产业技术创新体系

1. 全省高新区建设情况

高新区是江苏创新驱动的核心区和重要载体，也是江苏高新技术产业参与国际竞争的重要平台，是江苏区域创新能力的重要标志。截至目前，江苏共有高新区 45 家，其中国家级高新区 18 家，数量占全国11.5%，实现了 13 个地级市全覆盖，国家级高新区数居全国第一。除宿迁外，省级高新区已实现 12 个地级市全覆盖，苏州已实现各县级市全覆盖(见表 4.7)。其中，南京江宁高新区、江阴高新区、无锡宜兴环保园、武进高新区为科技部认定的创新型特色园，常州高新区、苏州高新区、苏州工业园、无锡高新区入选科技部认定的创新型科技园区。江苏国家级高新区的整体实力位居全国前列，根据科技部发布的《国家高新区创新能力评价报告 2016》，我国园区生产总值超过 1 000 亿元的国家级高新区共 17 家，江苏有 5 家，分别是南京高新区(2 404 亿元，第 6)、苏州工业园(2 060 亿元，第 7)、无锡高新区(1 303 亿元，第 12)、常州高新区(1 050 亿元，第 16)、苏州高新区(1 006 亿元，第 17)。2015 年，全省高新区以占全省 3.66%的土地面积，创造了全省 21.5%的地区生产总值、27.6%的工业总产值和 35.3%的出口总额，集聚了全省 40%的高新技术企业、55%的科技企业孵化载体和 64.3%的“千人计划”创业类人才。

表 4.7　截至 2017 年 2 月江苏省国家级和省级高新区名单

序号	区域	地区	高新区名称	级别
1	苏南（24 家）	南京（4 家）	南京高新技术产业开发区（一区三园）	国家级
2			江苏省麒麟高新技术产业开发区	省级
3			江苏省高淳高新技术产业开发区	省级
4			江苏省南京白马高新技术产业开发区（筹）	省级
5		无锡（3 家）	无锡高新技术产业开发区（一区两园）	国家级
6			江阴高新技术产业开发区	国家级
7			江苏省锡山高新技术产业开发区（筹）	省级
8		常州（4 家）	常州高新技术产业开发区	国家级
9			武进高新技术产业开发区	国家级
10			江苏省西太湖高新技术产业开发区（筹）	省级
11			江苏省中关村高新技术产业开发区	省级
12		苏州（10 家）	苏州高新技术产业开发区	国家级
13			苏州工业园区	国家级
14			昆山高新技术产业开发区	国家级
15			常熟高新技术产业开发区	国家级
16			江苏吴江高新技术产业园区（筹）	省级
17			江苏省太仓高新技术产业开发区（筹）	省级
18			江苏省汾湖高新技术产业开发区	省级
19			江苏省吴中高新技术产业开发区（筹）	省级
20			江苏省张家港高新技术产业开发区（筹）	省级
21			江苏省相城高新技术产业开发区	省级
22		镇江（3 家）	镇江高新技术产业开发区	国家级
23			江苏省扬中高新技术产业开发区（筹）	省级
24			江苏省丹阳高新技术产业开发区	省级

续表 4.7

序号	区域	地区	高新区名称	级别
25	苏中（9家）	南通（4家）	南通高新技术产业开发区	国家级
26			江苏省如皋高新技术产业开发区(筹)	省级
27			江苏省海安高新技术产业开发区(筹)	省级
28			江苏省南通市北高新技术产业开发区(筹)	省级
29		扬州（3家）	扬州高新技术产业开发区	国家级
30			江苏省杭集高新技术产业开发区	省级
31			江苏省高邮高新技术产业开发区	省级
32		泰州（2家）	泰州医药高新技术产业开发区	国家级
33			江苏省泰兴高新技术产业开发区	省级
34	苏北（12家）	徐州（3家）	徐州高新技术产业开发区	国家级
35			江苏省锡沂高新技术产业开发区	省级
36			江苏省邳州高新技术产业开发区	省级
37		连云港（2家）	连云港高新技术产业开发区	国家级
38			江苏省东海高新技术产业开发区(筹)	省级
39		盐城（4家）	盐城高新技术产业开发区	国家级
40			江苏省盐南高新技术产业开发区(筹)	省级
41			江苏省建湖高新技术产业开发区(筹)	省级
42			江苏省盐城环保高新技术产业开发区	省级
43		淮安（2家）	江苏省苏淮高新技术产业开发区	省级
44			江苏省淮安高新技术产业开发区	国家级
45		宿迁（1家）	江苏省宿迁高新技术产业开发区	国家级

2. 高新区创新体系建设情况

(1) 突出创新核心区建设

推动高新区创新核心区建设是江苏高新区建设的重要内容。创新核心区是集知识创造、技术创新和新兴产业培育为一体的核心区域。其主要任务是:围绕特色战略产业培育和发展,积极融入全球创新网络,着力集聚创新资源和高层次人才,建设重大创新平台,加快研发和转化先进科技成果,建设创新创业环境一流的科技新城区,打造特色战略产业技术创新中心,使之成为高新区创新驱动转型发展的引擎。目前苏州工业园科教创新区、常州科教城、泰州中国医药城等已在国内形成品牌。最近,省科技厅在高新区创新核心区内大力推动产业技术创新组织建设,布局建设纳米、医疗器械、智能装备、通信与网络、激光与光电、环保装备等 6 个省级产业技术创新中心,并通过设立联合研发资金的形式,支持以企业为主体实施重大科技项目及平台建设,探索建设支撑战略性新兴产业发展的技术创新体系。

(2) 突出"一区一战略产业"

按照省科技厅的要求和部署,每家高新区均应选择一个有发展潜力、有发展前景、有发展条件的产业作为战略特色产业进行培育,而且省内高新区之间应错位发展,各高新区积极推动特色战略产业向高端化、专业化、品牌化发展。苏州工业园区纳米、苏州高新区医疗器械、无锡高新区物联网等已在国内形成领先优势,常州高新区光伏、江阴高新区特钢新材料、昆山高新区小核酸等 7 个产业集群被列为国家创新型产业集群试点,江宁智能电网、徐州高新区矿山物联网、盐城高新区风电装备、扬州高新区数控装备制造等产业集聚效应日益明显。表 4.8 为江苏省 14 个国家级高新区和 9 个省级高新区"一区一战略产业"所选产业方向。将 23 个省级以上高新区所确定的"一区一战略产业"按照产业领域进行分类汇总,如表 4.9 所示。从表 4.9 可以看出,选取装备(智能)制造、新材料、生物医药作为"一区一战略产业"的高新区占 23 个高新区总数的 3/4 以上,其中定位为装备(智能)制造的有 11 家,接近 23 个省级以上高新区的半数,新材料有 4 家,生物医药有 3 家。此外,定位为物联网和光电的各有 2 家,纳米科技、新型环保、微特机电、环保的各 1 家。

表 4.8　部分高新区"一区一战略产业"的定位

序号	高新区名称	战略性新兴产业
一、国家级高新区		
1	南京国家高新技术产业开发区	智能电网,软件
2	无锡国家高新技术产业开发区	物联网(无锡高新区) 新型环保(宜兴环科园)
3	江阴国家高新技术产业开发区	高性能特种金属材料
4	徐州国家高新技术产业开发区	安全科技与矿山物联网
5	常州国家高新技术产业开发区	智能装备
6	武进国家高新技术产业开发区	智能装备 半导体照明
7	苏州国家高新技术产业开发区	医疗器械
8	苏州工业园区	纳米科技
9	昆山国家高新技术产业开发区	机器人
10	南通国家高新技术产业开发区	海工装备
11	泰州医药高新技术产业开发区	新医药
12	江苏省连云港高新技术产业开发区	新医药
13	江苏省镇江高新技术产业开发区	船舶及海工关键配套
14	江苏省盐城高新技术产业开发区	风电装备
二、省级高新区		
1	江苏省常熟高新技术产业开发区	高端装备制造
2	江苏吴江高新技术产业园区(筹)	新型纺织
3	江苏省汾湖高新技术产业开发区	节能电梯
4	江苏省太仓高新技术产业开发区(筹)	先进制造
5	江苏省海安高新技术产业开发区(筹)	功能新材料
6	江苏省如皋高新技术产业开发区(筹)	光电科技
7	江苏省淮安高新技术产业开发区	微特电机
8	江苏省扬州高新技术产业开发区	数控装备制造
9	江苏省宿迁高新技术产业开发区	特种功能新材料

表 4.9　省内省级以上高新区"一区一战略产业"所属高新区统计

序号	战略性新兴产业	所在高新区数	细分产业
1	装备(智能)制造	11	智能装备(2)、机器人、海工装备、船舶及海工关键配套、风电装备、高端装备制造、节能电梯、先进制造、数控装备制造、智能电网
2	新材料	4	高性能特种金属材料、新型纺织、功能新材料、特种功能新材料、风电装备
3	新医药	3	新医药(2),医疗器械
4	物联网	2	物联网、安全科技与矿山物联网
5	光电	2	光电科技、半导体照明
6	纳米科技	1	纳米科技
7	新型环保	1	新型环保
8	微特机电	1	微特机电
9	软件	1	软件

(3) 汇聚创新创业人才

高新区通过制定各类优惠政策、营造良好创新创业环境,吸引并集聚了大量高端人才资源。为了吸引聚拢人才,各地高新区园区几乎都出台了各类扶持政策,如无锡"530 计划"、苏州"金鸡湖双百人才计划""姑苏人才计划"。无锡高新区自 2006 年实施"530 计划"以来,已引进近 800 个海归创业团队,拥有各类人才总量达 13 万人,10%是高层次人才,其中院士及国家级专家 23 名,硕士、博士的队伍多达 6 800 多余人,外籍及海归人才也超过万人。在苏州高新园区汇聚的硕士以上学历的高层次技术和管理人才突破 15 000 人、在住外籍人才有 6 000 多名,海外留学回国人员 1 100 多名,其中海归创业人才接近 1/2,创办留学生企业 400 多家,其中有 100 多名海外高层次人才获得了国家、省、市、区领军人才资助和奖励。在不到一平方公里的苏州生物纳米科技园,集聚了 230 多家生物医疗、诊断技术、纳米技术等企业,集聚了 300 多名海归博士、12 名全国"千人计划"人才。

(4) 完善创新创业服务体系

高新区优化完善人才培养引进和开发机制，大力建设创新创业载体，培育发展形式多样的众创空间，构建高新技术的转移转化通道和产业化平台。在苏南自主创新示范区启动“创业中国”苏南创新创业示范工程，着力打造金鸡湖创业长廊、苏州创客峰汇等苏南创业品牌，示范工程被科技部纳入“创业中国”工程，成为国家行动的首个区域性示范工程，掀起了大众创业、万众创新的新浪潮。2014 年，高新区拥有全省 55%的科技企业孵化面积，建设了一大批促进科技创新公共技术开发平台、公共服务平台，集聚了 64.3%的“千人计划”创业类人才，成为最具吸引力的科技人才创业“栖息地”。高新区尤其重视科技金融服务。如苏州高新区以苏高新创投集团为科技金融平台的主体，形成了以股权投资、融资担保为核心的各类新型金融服务业，在科技贷款、风险投资和科技保险等方面为企业提供保障，通过苏高新创投集团设立“苏州高新区风险投资基金”，吸引海内外风险资本在本区积聚，在集聚金融资源上，高新区打造了财富广场，使其成为科技金融创新服务的集聚发展区。

四、产业创新国际化

当前，世界逐步进入创新全球化时代，全球范围内创新要素的大规模流动与重新组合正在发生，创新模式与治理体系的变革正在进行，谁能够抓住机遇、率先布局，谁就能够在未来的全球创新价值链中占据高端位置、获取最大利益。江苏作为全国经济、科技最发达的地区之一，科教和开放优势明显，积极借力“外脑”，在全球配置科技资源，吸引国际科技创新资源要素沿高效率的轨道向江苏流动，在实践中探索创新国际化体系的江苏模式。

1. 不断扩大国际科技交流合作

国际化强调的是与国际接轨，最直接的方式就是国际交流与合作。江苏积极推动省内企业、研究机构和大学等与各个国家和地区开展广泛深入的科技合作，已成为国际企业和研发机构寻求合作研发、技术转移、创新成果产业化和商业化的首选地区之一。江苏先后与70多个国家和地区建立了科技合作关系，与一批创新强国或地区、著名大学以及跨国公司等形成紧密合作伙伴关系。2008年，江苏省政府与以色列国政府签署了“江苏与以色列关于产业研究和开发双边合作协议”，确定双方每年安排专门资金，支持企业间联合研发高技术，实现成果转化和商业化。这是以色列国政府与国外省级政府签署的首个科技合作协议，也是中国唯一一个省份与以色列国政府联合开展产业研发合作，双方在电子信息、生物医药、3D打印等方面已产生了一批突破性成果。目前，已与江苏形成紧密合作伙伴关系的国家或地区包括以色列、新加坡、芬兰等国家，荷兰北布拉邦省、加拿大安大略省、澳大利亚维多利亚州、德国巴符州、俄罗斯新西伯利亚州和托木斯克州等地区；形成紧密合作伙伴关系的著名研究机构、大学和跨国公司主要有美国麻省理工学院（MIT）、美国加州大学洛杉矶分校（UCLA）、美国康奈尔大学、加拿大西安大略大学、英国牛津大学、英国医学研究理事会（MRC）、芬兰国家技术中心（VTT）、以色列魏兹曼科学院、美国GE公司、IBM公司等。

2. 推动国外先进技术到江苏转移和转化

为加快推动国外先进技术到江苏转移和转化，推动江苏产学研合作走向国际化，营造江苏跨国技术转移和国际人才交流的浓厚氛围，江苏省科技厅在“江苏省对外科技交流中心”的基础上建设了“江苏省跨国技术转移中心”。该转移中心立足江苏企业的技术引进需求，围绕生物医药、新能源、电子信息、节能环保等领域，组织开展了一系列富有成效的跨国技术对接交流活动，促成了多个重大项目合作成功，特别是江苏—以色列产业研发合作的项目对接工作成效显著，成为全省对外科技合作的重要服务平台。该中心与海外研发机构、大学或技术转移机构广泛开展联系，包括美国IBM研究院、美国国立卫生研究院、英国医学研究理事会、英国牛津大学ISIS创新公司等世界知名机构，并与以色列耶达技术转移公司签署了合作备忘录。转移中心还在南京、无锡、苏州等地建立了9家跨国技术转移分中心，整合全省各类相关资源，推动整个江苏成为国外先进技术实施跨国转移的首选之地。

每两年举办一次的跨国技术转移大会已成为国内省级层面规模最大、影响最广的国际产学研合作平台，汇聚了一批国际知名机构代表和杰出科学家，促进了江苏与多家国际一流研发机构建立全面合作关系，成立了产业创新国际合作联盟，对接了一大批跨国技术转移项目，积累了丰富的全球研发创新基础资源和跨国技术转移对接的经验，深化了江苏开展国际产学研和跨国技术转移的品牌形象。

3. 吸引跨国公司在苏设立研发机构

从 2004 年开始，江苏就采取省、市合作联动的方式，把支持外资研发机构作为开放性利用国际科技资源的一项重要工作加以推进。鼓励和推动外资研发机构在江苏的设立和发展，已成为江苏提高利用外资质量和水平，促进产业升级和技术进步的重要手段。南京、无锡、苏州和常州等市还对确认的外资研发机构给予配套经费支持，使其成为高效配置国际创新资源的重要载体。近年来，江苏积极鼓励跨国公司设立研发机构，加强外资研发机构的技术溢出，科技部门认定外资研发机构的脚步不断加快。省市确认的外资研发机构总数达 411 家，其中 60 家是世界 500 强企业设立的外资研发机构，64 家是外资企业全球或亚太地区研发中心。80%以上的外资研发机构研发活动集中在电子、装备制造、新材料等高科技领域。中国—新西兰（苏州）创新中心、中国—以色列（苏州）大健康创新中心、牛津大学—苏州先进研究中心、中德智能制造（江苏）研究所等国际科技合作载体先后成立。2016 年，江苏企业境外投资科技研发类项目 74 个，全省共有 56 家外资研发中心被认定为江苏省跨国公司功能性机构，占全省功能性机构总数的 68.3%。

五、全链条科技服务体系

为促进科技与经济相结合，产业链、创新链和资金链相衔接，江苏大力实施科技服务业升级计划，推动科技服务业集聚区和科技服务机构能力建设，科技服务业保持了健康稳定发展。2016 年，全省科技服务业总收入达到 6 230.4 亿元，总体规模位居全国第三，科技服务业机构总数达 55 084 家，从业人员数量达 116.3 万人。全社会研发投入多年来保持全国第一，2016 年达到 1 985 亿元，占地区生产总值比重达到2.61%。全省从事科技活动人员总数超过 120 万人，位居全国前列。

1. 以江苏省产业技术研究院为龙头，形成高水平研发服务产业链

在江苏省科技服务业各类业态中，研发设计服务业保持领先地位，不断向产业链高端环节延伸，全省研发设计服务业收入达 2 952 亿元，占总量的 47.4%，较上年增长 15.5%，国家超级计算无锡中心正式发布并对外提供超算服务，国家未来网络试验设施(CENI)、高效低碳燃气轮机试验装置正式落户江苏。全省形成了以江苏省产业技术研究院为龙头、新型研发机构为核心的研发创新服务网络体系。全省建设了清华苏州汽车研究院、浙江大学苏州研究院、西门子中国研究院(苏州)等产学研重大联合创新载体 12 个。国家超级计算无锡中心加快建设并开放服务，其"神威 · 太湖之光"摘取世界超级计算机 TOP500 排名桂冠，为苏南创造 2025 提供大数据、超级计算的高端服务支撑。截至 2016 年底，全省市县、园区与高校院所、创新团队等共建各类新型研发机构达 310 家，拥有从业人员 1.4 万人，服务收入超 60 亿元。全省在 6 家国家高新区建设产业技术创新中心，通过引人才、搭平台、育企业等途径提升产业创新服务能力，已累计衍生孵化企业 56 家，其中已上市 2 家、正在股改 7 家，年产值超 15 亿元，企业总市值超 50 亿元。

表 4.10　江苏省产业技术创新中心

科技园区	产业技术创新中心
苏州工业园区	纳米产业技术创新中心
苏州高新区	医疗器械产业技术创新中心
常州科教城	智能装备产业技术创新中心
南京新港高新区	激光与光电产业技术创新中心
南京江宁高新区	通讯与网络技术创新中心
无锡宜兴环科园	环保装备产业技术创新中心

2. 以江苏省技术产权交易市场为枢纽,形成技术转移和成果转化生态体系

2017 年,江苏启动建设江苏省技术产权交易市场,目前平台有效数据量超17.9 万条,技术合同登记额超过 19 亿元,平台点击量超过 7.2 万人次,初步构建了成果、专利、需求等 8 类基础数据库。同时,江苏建设了大量技术转移机构,在促进科技成果转化、服务地方经济社会发展、发挥示范带动作用等方面取得了显著的成绩。江苏目前共有 45 家国家技术转移示范机构,数量仅次于北京,位居全国第二。近年来,各机构致力于促进技术转移和科技成果转化工作,发挥各自优势、整合资源、加强协作,努力提升江苏技术转移服务质量和效率。2015 年全省 45 家机构共促成技术转移项目 17 954 项,成交金额 96.53 亿元;组织技术推广和交易活动1 850 次,组织技术转移培训 23 637 人次,服务企业 47 295 家,解决企业需求26 430 项。2016 年,全省高校技术转移中心共实施技术转移项目 1.63 万项,合同金额达 57.2 亿元,横向服务企业 8 000 多家,各高校组织各类产学研对接活动 800 余场,对接企业 10 000 余家;全省共登记成交技术合同 29 000 项,成交金额达 728 亿元。

3. 以创新型孵化器建设为抓手,形成创业孵化服务"创业江苏"品牌

孵化器建设规模全国领先。全省共有创新创业服务机构 567 家,孵化面积达3 001 万平方米,在孵企业数达 32 000 家,每年新入驻企业平均达 4 000 家以上,累计毕业企业达 8 243 家,共集聚了近 20 万科技人才,孵化器数量、孵化面积、在孵企业数均连续多年居全国第一。科技企业孵化器已成为江苏孕育和发展创新型经济的主要源头,是江苏吸引高层次人才、孵化高科技企业、培训新兴产业的重要载体。最近几年,江苏加快建设新型创业孵化器,已建有 207 家省级众创空间,启点咖啡、创客邦等 8 家纳入国家级。如苏州工业园区打造的金鸡湖创业长廊,针对创业者面临的痛点、难点,引导知名企业、资本、媒体、科研院所等社会力量,联合创业服务机构,在较集中的区域集聚了以"车库咖啡"为孵化模式的蒲公英创业吧、以创新工场模式孵化项目的创客邦、应用于移动互联网的 CICI(城市信息云平台)梦工场、以扶

持大学生创业为主的苏大天宫、以媒体服务为模式的《创业家》杂志等一批新型业态的创业孵化器，探索发展创业服务新模式。

4. 以专业化服务为导向，形成全国有影响的科技服务特色业态

科技金融服务规模显现。江苏是国家促进科技和金融结合试点省份，目前，全省经金融监管部门审批成立的科技金融支行 39 家、科技保险支公司 3 家，经省有关部门共同认定的各类科技金融特色机构 76 家。全省登记备案的私募基金中 VC 和 PE 占到 64%，已有 74%的省级以上科技企业孵化器中设立了天使投资基金，江苏高投、苏州元禾等一批创投机构处于行业领先地位。在科技金融风险补偿机制作用下，全省已累计向 5 000 多家科技型企业发放贷款 400 多亿元。检验检测服务全国领先。目前江苏已经建成以智能电网、北斗导航检测中心等为代表的 43 个国家级质检中心，检验检测行业年产值超过 100 亿元，成为全国检验检测行业最集中、最活跃的地区之一。中国常州检验检测认证产业园是江苏首个检验检测认证产业园，面向常州乃至整个长三角地区提供“一站式”检验检测认证服务；南京 2015 年成立检验检测服务业集聚区，成立一年来已实现收入 8.56 亿元；无锡市形成了“中国服务外包示范区—无锡太湖保护区国际质量技术服务集聚园”和惠山区、锡山区、新吴区三个检测基地的“一区三基地”空间布局；徐州新城区围绕全市“一中心一基地一高地”建设，加快检验检测高技术服务业发展，着力打造检验检测服务业集聚区。

5. 以骨干机构为引领，形成科技服务特色化、国际化发展态势

2016 年全省规模以上科技服务机构共 5 410 家，规模以上机构收入达 4 743 亿元，占总收入的 76.1%，每家平均收入达 8 767 万元，规模以上机构从业人员总数达 66.5 万人，占科技服务业从业人员总数的57.2%。各类骨干机构特色业务亮点突出。一是成为国内行业领头羊。如江苏省舜禹信息技术有限公司是中国知识产权服务外包行业中的领军企业，同时也成为国内规模最大的翻译公司之一。二是具有国家（国际）门槛服务资质，如江苏物联网研究发展中心建成国内首个设计、加工和测试服务能力较为完备的

MEMS公共技术平台；江苏鼎泰药物研究有限公司、昭衍（苏州）新药研究中心有限公司、苏州药明康德新药开发有限公司等单位均取得国家食品药品监督管理局的药物GLP资质认证和AAALAC国际认证；三是主持国家标准或选任行业组织理事单位，如中国建材检验认证集团苏州有限公司为中国建筑防水协会副理事长，具有400多种防水与节水建材产品及参数的检测能力；四是开展基于互联网的模式创新，如江苏佰腾科技有限公司开发了国内首家专利申请电商平台——专利巴巴，通过先进的互联网技术，对专利申请的整个流程系统智能化管理。

6. 以省科技创新服务联盟为载体，形成连接产业各个环节的科技服务网络

2016年江苏省成立江苏省科技创新服务联盟，旨在打造科技服务业改革“试验田”，搭建集技术转移、科技金融、人才引进、战略咨询、知识产权、创业孵化等于一体的综合性科技服务平台。联盟采用“5＋N”的模式，由省生产力促进中心、省科技情报研究所、省高新技术创业服务中心、国家知识产权局专利局南京代办处、省专利信息服务中心等5家机构共同发起，联合南京大学、江苏高科技投资集团等92家单位共同组成。省科技创新服务联盟构建网络化、专业化、规模化技术转移服务体系，建立政府指导、市场推动、内部结算的全新机制，面向产业、聚焦企业，集成各类科技服务资源，助力江苏创新创业再上新台阶。2015年，“江苏省技术转移联盟”正式成立。该联盟由南京大学、东南大学、中科院南京分院、省生产力促进中心等共同发起，将促进科技资源的综合集成和高效配置，为江苏加快实施创新驱动发展战略、促进产业转型升级提供强有力支撑。联盟拥有83个成员单位，关联了江苏主要的一流科教单位，将进一步释放高校院所技术、人才资源优势，建立风险共担、利益共享的长效机制，提高技术转移整体效能，打通从科技强到产业强、经济强的通道。

7. 以科技创新"40 条政策"为纲领，形成覆盖科技服务各个领域的政策体系

2016 年江苏省委省政府出台《关于加快推进产业科技创新中心和创新型省份建设的若干政策措施》，简称"40 条政策"，建立覆盖企业初创、成长、发展等不同阶段的政策支持体系，政策点涵盖了科技服务领域的各个环节。如对于研发服务，对新型研发机构建设可最高给予 1 亿元的财政支持；对于创业孵化服务，探索建立科技企业孵化器绩效奖励制度，按因素法给予一定比例奖励；对于科技金融服务，支持各市县、各高新区建立科技金融风险补偿资金池，推进投贷联动试点，完善创业投资引导机制，支持科技型中小企业到创业板上市、新三板挂牌，并且要探索建设网上技术交易平台和区域性科技金融服务中心；对于技术转移服务，提出完善股权激励相关制度、健全科技成果转移转化激励机制、完善科技成果转移转化市场体系等。

第三节　江苏省网络化产业技术创新系统薄弱环节分析

虽然江苏省在区域网络化产业技术创新系统建设方面取得了很大的成绩，但从创新发展的角度看，江苏在诸多方面仍存在短板，这些短板是制约江苏产业经济转型升级的重要因素。本节内容主要通过翔实数据的对比分析，认为江苏区域网络化产业技术创新系统存在以下几个方面的问题和不足。

一、创新主体能力优势不足，距离世界一流水平尚有差距

从江苏创新主体的能力来看，总体实力较强，但距离世界一流水平尚有差距。一是缺乏世界级的创新型企业。江苏企业发展的特点是，企业数量众多，也有不少企业处于行业领先地位，但仍然缺乏像华为、腾讯、联想、阿里巴巴等具有巨大体量的创新型领军企业。二是缺乏有影响力的大学。世界知名大学和高水平研究机构匮乏，根据 USnews 和汤森路透发布的“2015 年全球大学排行榜”，全球大学前 100 名有 50%在美国，中国大陆共三所，江苏无高校入选。三是缺乏有影响力的人才。江苏科研人员的国际影响力较弱，国际高端科技人才缺乏，只有极少数的科学家和研究人员在国际重要科研社团担任职务，获得国际性权威科学奖的人数更少。2013 年江苏科学家在《科学》和《自然》发表论文 20 篇，仅为北京的 1/3。四是缺乏有影响力的成果。体现产业创新水平的国际 PCT 专利申请偏低，2013 年江苏申请总量 1186 件，仅占全国的 5.2%；2014 年全球企业国际专利申请量前 50 强，中兴、华为、腾讯等国内 6 家企业入选，没有江苏企业。每万人拥有有效发明专利量仅为 10.24 件，而 2011 年日本为 105.2 件，美国 35.6 件，韩国 96.1 件，

与发达国家差距很大。

二、优势主要在传统制造业，服务业和新兴产业优势不足

江苏产业优势在传统制造业，在 2015 年以前，江苏制造业比重一直高于服务业。《2016 年中国企业 500 强》数据显示，江苏有 44 家企业入选，居全国第四位。在这 44 家企业中，只有 7 家分布在零售贸易、房地产、邮电通信服务等服务行业，其余 37 家均分布在制造业中，从行业分布来看，江苏 500 强企业主要分布在建筑业、纺织印染业、服装鞋帽加工业、化学原料制造业、化学纤维制造业、黑色冶金及压延加工业等行业，这些行业的企业数占据入围总企业数的 52%。相比而言，北京、上海、广东、浙江这四个省市的新兴产业发展得更为成熟。例如北京有联想、神州数码和北大方正，上海有上海电气、复星高科技等企业，广东则有华为、中兴这两家代表性现代化通信企业。山东省的科研创新实力虽不如北京、上海和广东，但是凭借两大家电企业海尔和海信在技术创新方面的优势，总体而言山东省高科技企业的创新水平略高于江苏省。从代表新兴产业爆发力的独角兽企业来看，江苏新兴产业发展不如北京、广东等创新活跃地区。2016 年，美国《财富》杂志发布了 2016 全球独角兽企业名单。在《财富》公布的 173 家独角兽公司中，美国有 101 家，中国有 35 家(居世界第二)，其中，北京 18 家，占比为 51.4%，其次为上海(8 家)、杭州(4 家)、深圳(2 家)，这 4 个城市集聚了全国 91.4%的独角兽公司。另外，珠海、厦门和香港各有 1 家独角兽企业。江苏无一家企业进入独角兽行列，这说明江苏新兴产业发展缺乏动力引擎。

三、科技资源分布相对分散，创新的“场效应”尚未形成

江苏是科技资源大省，高新区是科技资源最为密集的地区。截至 2016 年，江苏已建有 18 个国家高新区和 27 个省级高新区，国家高新区和省级高新区数量均居全国第一，13 个地级市实现国家级高新区全覆盖，省级高新区已实现 12 个地级市全覆盖(宿迁除外)，苏州已实现各县级市全覆盖。虽然

江苏高新区数量很多，但具有国际一流创新水平的高新区尚没有。根据科技部发布的《国家重点园区创新监测报告 2016》，从当年营业收入看，只有南京高新区挤入全国第 10 位，苏州工业园排在第 11 位，尚未有高新区进入全国的第一方阵。江苏 11 家国家级高新区营业收入总和为 25 025 亿，而中关村一家高新区就超过 36 000 亿。其中一个重要原因是江苏的科技资源分散在众多的高新区中，科教资源的集中度不够，不少高新区之间产业结构雷同，如江苏 23 个省级高新区中心中，有 11 家高新区将智能制造定位为装备(智能)制造。很多高新区重点产业并不突出，产业门类较多，真正有国际竞争力的企业和产业较少。

四、高新区核心载体创新驱动不足，创新生态系统有待加强

依据科技部最新发布的《国家重点园区创新监测报告 2016》权威统计数据，通过对江苏 11 家国家级高新区与中关村、成都、张江、深圳、武汉、西安 6 家科技部认定试点的世界一流高科技园区进行详细对比，江苏 11 家国家级高新区工商注册企业数总和、营业收入总和分别仅为全国 6 家世界一流高科技园区的 42.3%、33.2%。每家园区平均营业收入不到全国 6 家世界一流高科技园区平均值的 1/5。

从研发和创新服务机构看，江苏 11 家国家级高新区研发机构数量占全国 6 家世界一流高科技园区接近 90%，但创新服务机构仅占 30%左右。江苏高新区服务业态比重明显偏低，高技术服务从业人员数、技术合同成交额均不到全国 6 家世界一流高科技园区的 1/15。2015 年，江苏 11 家国家级高新区高技术服务从业人员 9.5 万人，仅占全国 6 家世界一流高科技园区高技术服务从业人员(150 万人)的6.6%。高技术服务从业人员占从业人员比重 5.2%，远低于全国 6 家世界一流高科技园区的 34.9%。高新区技术合同成交额 94.2 亿元，仅占全国 6 家世界一流高科技园区技术合同成交额(1 446 亿元)的 6.5%。

五、政府的引导作用较为突出，市场化的活力未得到充分释放

在推动创新型省份建设过程中，江苏省政府起到了重要的推动作用，特别是在载体平台建设方面，成绩非常显著。2015 年，江苏国家级高新区（16 个）和省级高新区数量（29 个）均居全国第一，国家火炬特色产业基地数量（117 个）保持全国第一，政产学研创新平台数（1 805 个，2013 年）全国第一，国家级科技企业孵化器数量（23 个）全国第一，国家级重点实验室（28 个）全国省份第一。但江苏产业创新的市场化机制尚未真正建立起来，表现在如下几个方面：一是创业生态还不够完善。全省创投机构管理资金规模不断扩大，但实际投资额仅占 GDP 的 0.2%，不到美国、日本的 1/5，且只有 30% 投资于早期研发和初创期科技企业，与国际 50%以上相比有很大差距。二是创业平台建设滞后，以创客空间为例，发达国家 Metalab、TechShop、Fab Lab、Access Space 等众创载体全球知名，截至 2014 底，全球共有超过 1 500 个创客空间分布在超过 120 个国家，我国的 30 余家创客空间主要集中在北京、上海、深圳等地，江苏的创客载体和文化氛围有待提升。三是科技服务体系不够健全。技术市场、人才市场等创新要素市场不够发达，2014 年中关村技术合同成交额近 3 000 亿元，江苏只相当于其 1/5，上海聚集了上千家猎头公司，江苏只有其 1/10，尤其是知识产权服务、金融服务、咨询服务等高端领域急缺专业化、国际化人才支撑。

第五章 案例分析

第一节 宜兴环科园:网络化产业技术创新系统建设

宜兴环保产业发端于20世纪70年代的苏南乡镇模式——自发式、家族式的草根经济,形成了面广量大、各具特色、以小企业为主体的环保产业集群。宜兴环科园是1992年经国务院批准设立的我国唯一的以发展环保产业为特色的国家级高新技术产业开发区,为国家科技部和环保部"共同管理和支持"单位。园区规划面积达到212平方公里。建园20多年来,宜兴环科院围绕环保主题,着力瞄准"水、气、声、固、仪"五大产业领域,加大招商引资和招才引智,发展环境不断优化,产业集聚度不断提升,园区建设和经济发展取得极大成效。目前已形成了近600亿的环保产业集群,产业基础十分雄厚。

一、宜兴环科园环保产业发展概况

1. 环保产业在国内的地位举足轻重

宜兴环保产业是全国的标杆,目前宜兴环科园内集聚了1 700多家环保企业、3 000多家环保配套企业,从业人员10万人,其中专业研发人员8 000多名。环保产业链条完整,形成了以环保技术研发、设计、工程承包为龙头,以环保设备制造为重点，以原辅材料及部件交易为支撑的产业链条。产品涉及水、声、气、固、仪及配套产品等 6 大类、200 多个系列、2 000 多个品种，其中水处理方面(包括循环水处理、污水处理、纯水处理以及新兴的水体修复等)的优势较为突出，占环保产业产值的 80%以上。水处理设备的自我配套率高达 98%，国内市场占有率约 40%，是国内水处理设备品种最全的生产基地。宜兴市环保产品的销售范围覆盖全国，省外份额占 78%，有 3%的份额出口，主要出口东南亚和中亚国家。近年来，北控水务、中节能、百事德等一批海内外知名环保企业落户环科园。新建了“中韩大邱环保产业基地”“中新水处理国际创新园”等一批环保专业园中园。

2. 高端科技资源集聚优势较为突出

目前环科园拥有高新技术企业 75 家，进入全国环保百强骨干企业 17 家。拥有两个环保领域的国家 2011 协同创新中心，已有国家级企业研发机构 2 家，省级企业研发机构 114 家。截至 2015 年，和清华大学、哈尔滨工业大学、南京大学、中科院等高校院所共建 15 所产业技术研究院。在污水处理工程、有机化工废水、矿山煤化工废水治理、固体废弃物处理及处置、环境预警及环保物联网等方面实施长期的技术研发和创新，集聚院士、国家“千人计划”专家等创新创业人才 1 000 多人。此外，环科园还建设了 200 多万平方米的各类功能性载体，建成科技企业孵化、环保技术、公共研发、环境工程设计、环保产品检测检验、环保人才培训、知识产权保护、国际技术转移、环保科技成果(产品)展示、环保产品交易等 10 大环保产业公共服务平台。

3. 产业技术创新能力呈稳步提升态势

2013—2015 年，宜兴市环保类高新技术企业累计分别达到 55、70 和 73 家，呈逐年递增的趋势，其中 2015 年新增环保类高新技术企业 11 家。2013—2015 年，宜兴市每年均有几十项产品被认定为高新技术产品，数量从 20 余项至 40 余项不等，覆盖水、大气和固废等诸多领域。其中，2015 年被认定的高新技术产品数量最多，达 45 项，其中水处理装备产品 19 项，占比近半。2004—2012 年，宜兴市环保企业专利申请数量呈稳步上升趋势，2012

年专利申请数量达到 603 件，较 2003 年增长了近 10 倍；2015 年新增有效发明专利 101 件，累计达 423 件。据调查，宜兴市环保产业产学研合作良好，规模以上企业中 80%以上的企业至少有 1 家以上的产学研合作机构，26%左右的企业新产品产值占当年销售收入的 50%以上。宜兴环保产业多数企业(67.2%)的技术水平已经超越“获取和消化技术”阶段，而处于“技术深化和升级，处于国内先进水平”阶段，说明企业已经从模仿型逐步向自主创新型转变。

二、网络化产业技术创新系统演进情况分析

1. 起步阶段(1970—1980)：技术合作产业发端

宜兴环保产业的诞生发端于一次产学研合作。1974 年，宜兴高塍公社农机厂的厂长与上海市的一名工程师姜达君合作共同开发了新型 PVC 材质的纯水离子交换器。正是这次合作科研的成功开启了宜兴的环保产业，他们利用纯水设备建立了宜兴县纯水厂。在姜达君的帮助下，当地又建立了宜兴县太滆建设设备厂。此后，伴随着改革开放的步伐，宜兴环保产业在摸索中起步前进，1970 年代末，宜兴县纯水厂和宜兴县太滆建设设备厂——日后被称为宜兴环保产业黄埔军校的两所企业已然颇具规模。

2. 产业集聚阶段(1981—2000)：企业集聚初成规模

1980 年代，是中国环保事业和宜兴环保产业大发展的十年。伴随着改革开放的步伐，国家开始重视环境保护，密集出台了《海洋环境保护法》《水污染防治法》《大气污染防治法》等法律法规。全国进入了污水处理厂建设的高峰，各个工业项目也都同步配套了环保设施，为起步较早、基础稳固的宜兴环保产业提供了巨大的发展机会。借政策东风，县纯水厂开始涉足工业废水处理领域，产值几乎年年翻番。到 1993 年，宜兴县纯水厂和宜兴县太滆建设设备厂分别衍生出 22 个和 19 个企业，当地共建立了 228 个环保企业，产值达 6 个亿。“环保之乡”之名渐在业内闻名。

1992 年，全国第一个国家级环保科技工业园落户宜兴，为宜兴环保产业

发展奠定了基础,“环保之乡”的美誉随之声名远播。但当时环科园园区内仅有 8 家企业,全年业务总收入不足 0.3 亿元。建园后,环保企业开始向园区集聚。逐步形成高塍镇和环科园两大环保产业集聚区。2011 年,宜兴市实行环科园托管高塍镇,包括财政、干部人事、行政审批以及经济社会发展指标统一纳入环科园,环科园对环保产业集聚区实行统一规划、统一开发。在环科园布局研发机构、发展总部经济同时鼓励环保装备制造企业向高塍环保产业园集中,形成区域环保产业一体化格局,实现“1+1>2”的效果。到 1996 年,宜兴的环保产业发展达到顶峰,环保产品占据了全国环保产品的 30%,实现了“三分天下有其一”的产业奇迹。截至 2004 年,进园企业累计达到 450 多家。

3. 创新转型阶段(2001—2010):集聚资源创新转型

进入新世纪,市场日渐成熟,竞争日趋激烈,传统的经营方式已经不再适应现今激烈的市场竞争。为提升宜兴环保产业的整体竞争力,在省市有关部门推动下,宜兴环保产业谋划“二次创业”和转型升级。2006 年,宜兴环科院“二次创业”规划通过了国家科技部等部门组织的评审。2008 年国际金融危机以来,宜兴市针对环保产业发展环境的深刻变化,加速推进环保产业转型升级。宜兴环科园把集聚创新资源作为建设发展和科技创新的首要任务,也是宜兴环科园推动建设发展的根本做法。长期以来,本着集聚国内外最好环保技术、最优环保人才、最佳环保项目的理念,宜兴环科园扮演了资源整合者的角色,探索建立以集聚高端人才团队、发展高端化产品、实施重点环保产业项目为核心的环保产业科技创新体系。近年紧紧围绕“建设一流国家级园区、打造千亿级环保产业”的发展目标和“建功能平台,引领军人才,聚特色产业,树环保品牌”的工作要求,以申报国家创新型特色园区为抓手,积极推进产学研合作,大力引进高端人才,搭建技术开发和公共服务平台,宜兴环科园已经进入了创新集群的成长期。

(1) 促高端研发机构资源竞相汇聚。宜兴环科院领导认识到,平台的高度决定了环科园的集聚能力。为推动平台建设,园区新设平台管理中心,完善中心管理机构，完善平台管理制度，规范公司化运行，制定形成了一套完整科学、符合实际情况的管理制度。按照政府引导、企业化经营、专业化服务原则，引导各类主体建立覆盖产业链各环节的各类平台。重点推动公共技术服务平台建设，采取财政补助、投资入股等方式，集聚高校院所来设立技术平台，为企业提供研发设计、检验检测、技术转移和孵化服务。通过推行研发平台、管理平台、基金平台“三台合一”的运作机制，促使部委资源、高校资源、国际资源等高端资源竞相汇聚，先后有十大“国字号”研发平台和十多个产学研合作平台落户园区。组建了江苏省首家环保产业技术研究院——江苏省（宜兴）环保产业技术研究院、国家千人计划（宜兴）环保产业研究院，江苏省首家环保装备产品检验检测中心。与国内知名高校院所合作，先后组建了 15 家环保产业技术研究院。国家千人计划（宜兴）环保产业研究院以入选中组部国家“千人计划”、领军人才戴晓虎为院长，目前，研究院拥有教授副教授 10 余名，入选无锡“千人计划”7 名，已获各项专利近 30 余项，参与省级以上项目达十余个，同时利用“千人计划”的影响力，广泛集聚各类“千人计划”英才。研究院牵头设立的“宜兴节能环保创业投资基金”获得国家批准，是中国首支环保领域新兴产业创投计划支持项目，总规模 2.5 亿元人民币。

（2）多途径集聚人才资源。园区刚建立时，宜兴环科园这块国字号招牌有力吸引了相关高校、科研机构的技术创新资源，特别是人才资源，促进了当地环保产业的企业技术创新，推动当地环保产业迈入创新集群的萌芽阶段，大大促进了当地环保产业的发展。宜兴环科园建园初期就巧借“外脑”，与国内、省内一大批专家建立了紧密的联系。通过国家科委和江苏省科委的牵头，聘请清华大学、同济大学、浙江大学及科技部有关专家组成国家级专家组，聘请南京大学、东南大学、河海大学，南京理工大学等环保机械方面的教授组成省级专家组，为宜兴环科园提供高层次的决策、技术咨询等服务。针对环保产业转型升级的现实需求，以嫁接式人才为重点，以实施“陶都英才”工程为抓手，从人才引进、培养、使用、激励等方面，加快建设“环保人才特区”，重点引进在环保产业、新材料、新能源领域的国际国内顶尖人才、科技创业创新领军人才、创新创业领军团队来园区。通过国家、省、市各类人才先后引进 23 名高层次人才来创业，共有 14 个机构（企业、研发平台）引进高层次人才 83 人，其中 21 个具有博士学位，担任高级管理人员（负责人）、高级研发人员或顾问。汇聚了像马放、戴晓虎、许国栋等一批业界知名精英人物，一批环保业界的顶级专家、国家“千人计划”领军人物落户环科园。

(3) 创新产学研合作模式。产学研合作模式创新是宜兴环科园的一大特色，目前环保产业园与 20 多个国家、300 多家国内大院名校建立了合作关系，园区 60％以上的企业都与国内外大学、科研单位建立了合作关系。其中“一品一所一公司”模式和“哈宜模式”成为全省产学研合作的范例。“一品一所一公司”即：一个品牌（一个科研产品）＋一个专业研究所（团队）＋一家实施产业化的企业。“一品一所一公司”的运营主体是江苏省（宜兴）环保产业技术研究院，研究院下设各类研发中心和技术转移与应用示范中心，面向全国乃至国际，联合各高校院所和企业资源，建立政府保障信用机制与转化平台，以项目导向型的专业孵化器模式，进行“一品一所一公司”的企业孵化。“一品一所一公司”模式体现了股权结构、整合机制、金融支撑、园区服务“四合一”创新集成，已经成为全省产学研大会的一大亮点，并得到科技部领导的首肯。“哈宜模式”是环科园和哈尔滨工业大学首创的“政产学研用”新模式——在联合组建研究院的基础上，合资组建有限公司作为研究院的营运主体，其目的是推动科研成果“落地”，转化为强大生产力。这一创新性的“政产学研用”新模式的实施，构建起“基础研究（高校）—中试（研究院）—应用推广（公司）”较为完备的产学研链，为科研成果的产业化搭建起优质高效的转化平台。在“哈宜”这一创新“大平台”的引领下，相关方面已合作成立了 13 家各具特色、在细分领域具有领先优势的专业子公司，在手业务涉及金额已达 1 个亿，承担了 10 多项国家重大科研项目，申报专利 15 项，“哈宜联盟”雏形初步形成。不仅引来市内一批优质企业的资金，还吸引了市外资金;不仅环保企业注资组建专项技术公司,还吸引了建筑工程、服装纺织等领域的企业投资环保领域。

(4) 促进国际技术合作与引进。为聚焦国际创新资源,宜兴环科院瞄准世界上发达的环保技术国家,加快对国际高端环保技术、领先环保项目以及优质技术团队和专家的引进,加快转移国际先进技术并推进本土化。目前已吸引德国威泰克、芬兰经济与金融犯罪调查委员会(EFCC)等一批国外环保机构和知名企业入驻,与日本大阪建立了江苏省—大阪府环境技术合作平台,推进与日本 EMC、德国萨克森州环保部等战略合作及生态城建设,形成多层次技术转移、项目转化平台。先后吸引了美国、日本、德国、荷兰、芬兰、新加坡、中国香港、中国台湾等 20 多个国家和地区的客商来园合资,已有日本、韩国等 40 多个项目落户,成功引进诺贝尔奖得主理查德·罗伯茨来宜设立研究院。已建成了中德、中丹、中芬、中荷 9 个清洁技术对接中心,形成了"一个国家聘请一位驻外代表、设立一个对接中心"的合作模式,扩大了国际影响力。启动建设中韩大邱、京畿道环保产业基地。俄罗斯科学院、莫斯科国立大学、南洋理工大学在园区设立新材料研发中心。与新南威尔士大学签约,共建火炬技术转化基地和联合实验室。

4. 优化提升阶段(2011 至今):环境优化创业提升

进入"十二五",作为第一批国家级高新技术产业园区,环科园对自身给出了新的定位——打造一流环科新城。为整合环保产业,提高核心竞争力,根据宜兴市委决定,2012 年 4 月宜兴环科院统筹高塍镇,由此宜兴环科园形成"一园三区"的大格局,其中 15 平方公里的老区(A 区)为城市商务生活区,88 平方公里的新街(B 区)为环保产业及生态休闲旅游区,109 平方公里的高塍(C 区)为环保装备制造区,三大板块各有侧重、互补发展。确立了"瞄准世界一流,打响中国第一"的战略目标,致力成为中国乃至世界环保产业的"环保资源整合者、新兴产业集聚者、生态经济创意者、低碳形态引导者"。未来的环科园将是一个总部经济密集、科技金融活跃的商务新城,一个产业和城市交相辉映、文化和生态融为一体的活力新城,一个令全球瞩目、具有核心竞争力的“中国环保之都”。

(1) 完善配套服务。采取财政补助、投资入股等方式，集聚高校院所到宜兴设立技术平台，为企业提供研发设计、检验检测、技术转移和孵化服务。宜兴市规定，凡是国家部委、科研院所到宜兴设立环保研发机构且为企业开展有效服务的，政府给予连续三年、每年不少于 100 万元的运营经费补贴。政府每年投入 1 000 万元，打造全产业链公共技术平台——江苏五洲环保服务有限公司，努力提升传统产业水平，引领新型产业集聚，为环保产业提供全程化专业化服务，通过注入科技元素，实现环保企业向“专、精、特、新”转型，提升产品竞争力。宜兴环保科技创业中心等 4 家国家与省级科技企业孵化器，吸引了 200 多家中小型高新企业入驻孵化。总面积 13 万平方米的宜兴国际环保城，已经成为国内乃至国际最大的环保装备和产品的集散交易中心。

(2) 力促科技金融发展。资本是一个产业健康运营不可或缺的重要因素，长期以来，宜兴环保企业发展亦受制于资本瓶颈。针对这一问题，宜兴环科园以主动的姿态，整合、搭建各类资本平台，通过设立产业基金、种子资金、风险投资基金，银政合作，发行债券等初步建成完善了科技金融体系，建立了覆盖孵化期、初创期、成长期、成熟期科技型企业不同发展阶段的科技金融支撑体系。2013 年，设立江苏省宜兴节能环保创业投资基金——宜兴中禾节能环保创业投资企业(有限合伙)，为成长期的节能环保企业提供融资、上市增值等增值服务。2015 年，园区环保产业集团与麦格理集团签署成立了 3 000 万美元的环保产业基金。

2013 年，兴业银行与中国宜兴环保科技工业园签署了《中小企业信贷成长计划统贷业务合作协议》，计划对中小型环保企业提供 15 亿元贷款，解决其贷款难和融资成本高等问题。2015 年，平安银行与中国宜兴环保科技工业园签署了《平安宜兴环保产业基金合作协议》，设立规模 300 亿元的环境治理工程化项目专项资金，重点园区支持环保企业承接以 PPP 为主要模式的环境工程治理项目。

(3) 增强人才集聚吸引力。一是在人才引进方面,对科技创业创新领军人才,提供一定比例的产业化配套资金、政策性创投资金、融资贷款担保、科研经费资助,一定规模的生产厂房、工作场所、住房公寓,并给予减免租金和安家补贴。对环保产业紧缺人才,给予连续三年的租房补贴和一次性购房补贴。对顶尖人才采取一事一议、一人一策。宜兴环科园还制定了"三把钥匙"的引才政策,即来园区的高层次人才可获得一把房子钥匙、一把车子钥匙、一把公司钥匙。二是在人才培育方面,组织开展环保企业家、职业经理人培训,帮助更新专业知识,掌握前沿技术,树立现代经营管理理念。采用缴费培训、获证奖补的方法,培育了一批高技能优秀人才。三是在配套服务方面。建成 13 万平方米的人才公寓和 2.3 万平方米的人才培训基地,建起国内首个环保节能产业专业人力资源市场,定期举办招聘会,在高校与企业间搭建了人才供给和信息沟通桥梁。

第二节　江苏省产业技术研究院：统筹全省研发转化体系

2013 年 12 月，江苏省产业技术研究院正式成立。江苏省产业技术研究院是江苏深化科技体制改革的重要突破口，通过深化改革，构建技术创新的市场导向机制，围绕产业链统筹研发力量构建创新链，更大力度集聚全球创新资源，更高水平建设专业研究所，更广范围建立海外先进技术研发载体，促进企业、高校和科研机构在产业链、创新链等战略层面的有机融合，打通从“科学”到“技术”转化的通道，打造世界有影响、全国最前列的新型产业技术研发组织。

一、机构性质及组织模式

1. 机构性质及组建方式

省产业技术研究院经省政府批准同意组建，并依照国务院《社会团体登记管理条例》、江苏《社会团体登记管理条例实施细则》等规定，由省科技厅直属事业单位发起，办理社会团体法人登记，属于公助非营利性科研组织，业务归口省科技厅管理。近期，依托科技厅直属单位现有科技资源基础，采用会员制形式启动组建工作，制定统一的管理章程和标准，吸纳符合条件的地方或高校院所的独立研发机构加盟。远期，根据全省产业发展需求，重点在前沿和学科交叉领域，联合科技部、教育部、中科院等国家有关部门，扶持、新建一批专业性研究所，并作为会员单位纳入管理。

2. 功能定位

坚持以提升产业发展水平和核心竞争力为主要目标，构建支撑产业高端升级的重大创新平台。开展产业发展战略研究，制订重点产业发展政策，为政府决策和企业发展提供咨询意见；组织前沿领域重大项目研发，加强会员之间的分工协作和统筹推进，突破共性、关键性和前瞻性技术；采用会员制，稳定支持一批专业性研发机构。服务和孵化科技型中小企业，加强合同研发，鼓励会员单位面向企业开展应用技术研发服务，大力发展研发产业，支持完善技术服务体系和开放性研究平台，为中小企业提供试验条件、科技信息、技术培训、国际交流等专业化服务。

3. 组织架构

实行理事会领导下的院长负责制。理事会为领导机构，由省政府领导担任理事长，相关部门领导、知名企业家、科学家、经济学家等担任理事，负责确立发展方向、决策重大计划、协调配置资源、实施业绩评估。理事会办公室设在省科技厅。院长由省科技厅提名，理事会通过。副院长由院长建议、省科技厅提名，理事会通过。原则上院长、副院长人选应来自于企业家、科学家、政府官员等相关背景人员。建立专家咨询委员会，负责提供技术方向、成果评价等重大决策咨询。省产业技术研究院由院本部、地方产业研发机构两个层次构成。其中院本部按实体建设，下设战略研究、产业技术研

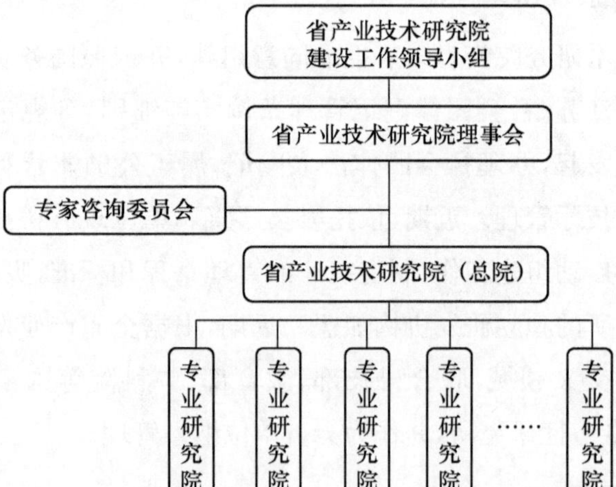

图 5.1　江苏省产业技术研究院组织结构图

发、研发机构服务、知识产权管理和行政服务等职能部门。总院主要负责统筹协调和宏观管理；专业研究所以独立法人方式加盟，总院通过理事会参与其运行管理，并根据绩效给予动态支持；产业技术创新中心由地方政府、高新园区和省产业技术研究院共同建设，围绕“一区一战略产业”布局，整合集成各类资源，抢占产业发展制高点。

二、体制机制创新情况

1. 建立“一所两制”的专业研究所建设机制

目前，江苏省产业技术研究院专业研究所普遍采取A（高校院所）＋B（独立法人）的运行机制，也就是“一所两制”，既拥有在高校院所运行机制下开展高水平创新研究的科研人员，又拥有独立法人实体聘用的专职从事二次开发的研发人员，这两类人员实行两种管理体制，力求做到学术研究“顶天”，服务企业“立地”。“一所两制”的实施，特别是独立法人实体的建设，为地方产业升级吸引了高层次人才，集聚了高科技成果，培育了高新技术企业，得到了地方的广泛欢迎。各地政府尤其是高新区、产业园区都纷纷争抢研究所落户，并在基础设施建设、人才引进、资金投入以及服务保障等方面给予大力支持。南京高新区为工业生物技术研究所提供10 000平方米研发场地、3 500万元建设经费以及2 500万元运行经费。扬州广陵区、如皋高新区等均为食品生物技术研究所提供5 000平方米研发场地、1 000万元建设经费。

2. 以“合同科研”的举措创新专业研究所的评价机制

江苏产业技术研究院结合江苏省实际，对专业研究所横向合同科研、纵向科研、衍生孵化企业等进行综合绩效考评。2015年，省产业技术研究院对8家正式研究所进行了综合绩效考核，共安排支持经费9 315万元，主要用于支持研究所引进高层次人才、前瞻性技术研发、对外购买原创研究成果进行二次开发等。如食品生物技术研究所，体现科研创新的纵向经费和体现服务绩效的横向经费都超过4 000万元。专用集成电路研究所，2014年纵向经费 1 800 多万，获国家科技进步二等奖一项、省部级一等奖 3 项，电子科学与技术国内领先；同时服务华润上华、长电科技等 32 家企业，合同科研收入超过 1 500 万元，衍生了南京杰讯科技和南京东显科技两家企业，获得技术股权 570 万元。膜科学技术研究所，主持了国家自然科学基金、973 计划等重大项目，纵向科研经费超过 2 000 万元，服务企业的合同科研收入超过 1 000 万元。2014 年成功举办了全球膜领域的学术盛会——第十届国际膜与膜过程大会（ICOM2014，三十年来首次在中国举办），参会人员超过 1 400 人，其中国际学者 700 多人。新增衍生企业 2 家，均为该领域技术领先、有发展成为龙头企业的潜力。其孵化创办的江苏九天高科技股份有限公司通过技术股权转让引入战略投资，已于今年 5 月在新三板上市。由于指挥棒的转变，研究所服务企业的积极性得到很大提高，合同科研收入年增长率达到 49%。

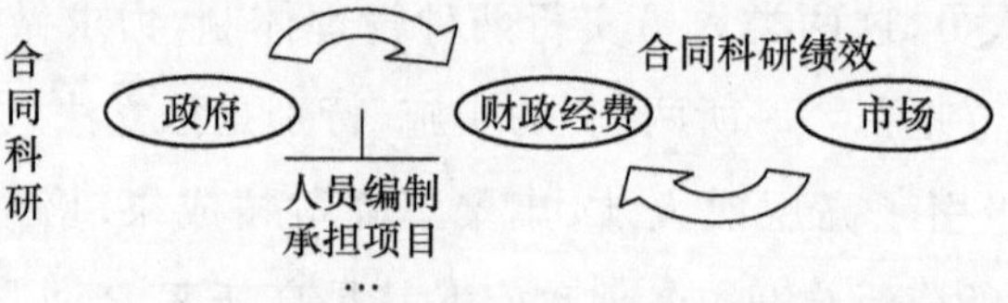

图 5.2　省产业技术研究院“合同科研”改革举措

3. 以“项目经理”制聘请领军人才

产业技术研究院以全球化视野，围绕战略必争领域，面向海内外招聘一流领军人才担任项目经理。目前已在先进液晶技术、动力电池及储能技术等前瞻领域招聘 4 名顶尖人才作为项目经理，聘期一般为 3—6 个月时间，省产业技术研究院给予 100 万元的工作经费。如先进动力及储能技术项目经理团队由戴姆勒（奔驰）中国区执行副总裁许健、德国 Taranis 公司联合创始人 Frits Ober 和 Stefan Theuerkauf 组成，拥有包括干法涂布、电芯/电池设计、电池成组等 20 多项全球领先的技术专利，其在德国研发的锂电池已应用于俄罗斯运载火箭和飞船、世界首个太阳能驱动帆船及水下潜艇等。拟开发的生产锂电池电极的造粒/挤塑技术，使生产大型锂离子电池成为可能，其性能远优于目前使用的电池，有望成为全世界锂电池行业的颠覆性技术。

先进液晶技术项目经理薛九枝博士，是一位具有 20 年液晶领域从业经验的战略科学家。其项目团队包括一位全球液晶显示奠基人、两位美国院士、一位美国肯特州立大学液晶所前所长等。目前，项目团队已经对南京、苏州、无锡等江苏液晶产业优势区域进行了重点调研，并与高新园区达成共建研发机构、开展共性技术攻关等合作意向，有望集聚一批国际顶尖专家团队，建设一个国际一流的先进液晶应用技术研究所，在创办一批高科技企业的同时也为现有液晶领域的企业提供技术支撑。

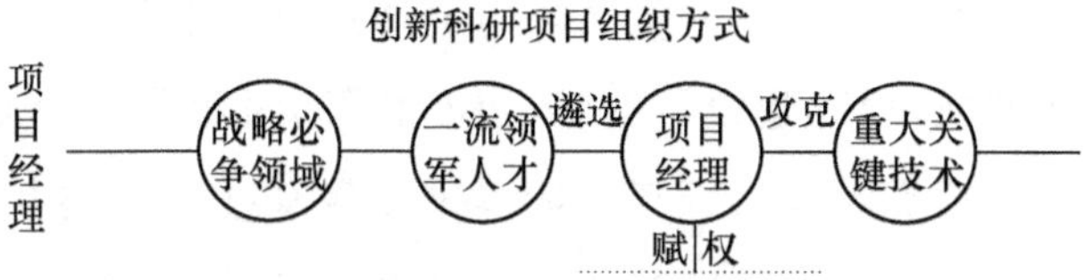

图 5.3　省产业技术研究院"项目经理"改革举措

4. 以"股权激励"衍生孵化培育企业

为充分激发科研人员的创新活力和创业热情，省产业技术研究院针对研发全过程，面向研究所、科研团队、科研人员等不同主体出台了相关激励措施，引导研究所建立符合自身发展实际的激励机制。明确要求研究所须建立独立法人，成果权属清晰，确保科研成果处置权和收益权的独立性、自主性。同时，引导研究所根据产业研发特点，建立符合自身发展实际的激励

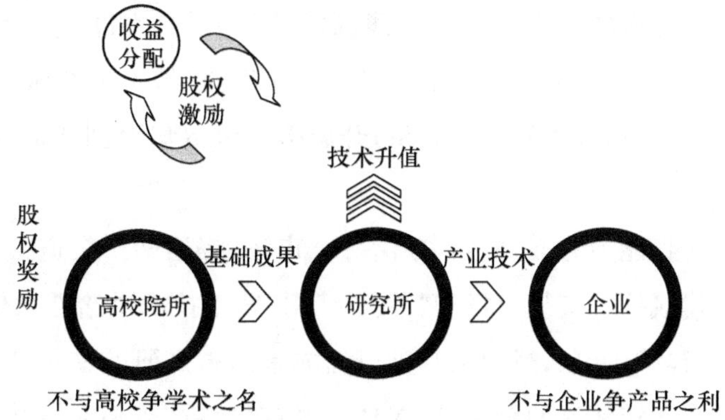

图 5.4　省产业技术研究院"股权激励"改革举措

机制，鼓励以股权或者期权等多种方式让科技人员更多地分享技术升值的收益。如先进激光研究所，科技人员通过无形资产创办衍生企业，项目团队技术股不低于 30%，研究所股份不高于 30%，各自承担 50%左右技术评估值的现金股份，风险共担，近两年已创办和孵化 16 家企业，累计销售额达 1.5 亿元。

三、建设成效

目前，江苏省产业技术研究院已面向全球招聘 4 名项目经理，布局建设了 23 家专业研究所，启动建设了纳米、智能装备、医疗器械等 6 家省产业技术创新中心，先后攻克制浆造纸废水近零排放成套技术与装备、全球首款石墨烯手机触摸屏和生物基材料万吨级产业化技术等一批重大关键产业技术，实现技术成果转移转化 1 000 余项，合同科研金额近 6 亿元，累计衍生或孵化科技型企业 181 家。

在产业战略研究方面，立足江苏产业发展需要，启动了《江苏省重点产业技术战略规划》研究编制工作，完成了碳纤维、石墨烯、先进激光等产业战略规划的编制。聚焦 15 个重点领域，组织专门力量参与中国工程院"苏南制造 2015"战略规划的调研和编制，强化与国家战略规划的衔接和对接。

在创新资源集聚方面，在硅谷筹建了"江苏省产业技术研究院（北美）"，建立直通美国硅谷的合作渠道。与澳洲蒙纳士大学、香港城市大学签署战略合作备忘录，联合设立专项合作资金。目前正在与美国费城大学科创中心、德国西门子公司等机构建立联系，开展多方位以集聚创新资源为目标的交流合作。

在技术转移能力方面，按照"办活一个市场、畅通两个渠道、构建三支队伍"的思路，建成技术交易市场和"苏技 e"网，发布技术供给需求信息近 300 项，在线交易挂牌 19 项；畅通从基础研究成果向省产研院集聚、应用技术成果向企业和产业转移这两个渠道，成功举办首届科技成果交易会，合同交易额 8 900 多万元；打造技术转移核心队伍、技术转移专业服务团队和高校院所技术转移中心三支专业队伍，已经拥有 20 多人的专职技术转移队伍。

在专业研究所建设方面，通过体制机制创新，集聚全球相关领域的基础研究成果进行二次开发，实现技术成果向产业的转化，为产业转型升级提供有力支撑。如先进激光技术研究所与南京大学合作，引进获得 2006 年度国家自然科学一等奖的成果“介电体超晶格材料的设计、制备、性能和应用”进行二次开发，现已实现新一代高灵敏度大气主要污染物探测激光雷达关键技术突破，试制出全固态中红外激光器，正开发可实时监测和数据分析的车载激光雷达污染探测系统。先进汽车研究所针对我国柴油车新排放标准实施所需的尾气处理系统，在引进日本 ACR 公司原型技术的基础上成功进行二次开发，并技术入股成立了注册资本 1 亿元的苏州凯特力排气净化技术有限公司。

在产业技术创新中心建设方面，围绕“一区一战略产业”部署，布局建设苏州工业园的纳米产业技术创新中心、苏州高新区的医疗器械产业技术创新中心和常州科教城的智能装备产业技术创新中心。每个中心总投入 1.5 亿元，建立了由省科技厅、省产研院以及所在省辖市、高新区等共同组成的中心理事会，推进组织管理体系、体制机制框架、资金管理及运行体系等建设。如纳米产业技术创新中心，重点整合苏州纳米所、苏州纳米科技城以及苏州大学纳米科技协同创新中心等多家单位的创新资源，吸引了中科院电子学研究所等研发机构落户苏州工业园区，努力打造纳米产业创新高地。

第三节 先声药业:企业创新网络全球化[①]

先声药业有限公司(简称先声药业)成立于 1995 年,是国家高新技术企业,在创新药物研发方面,是中国创新药物的第一梯队。一开始,先声药业主要集聚于首仿药,而后逐步过渡到创新药物研制为主,推出了英太青、必存、恩度、艾得辛、复方厄贝沙坦苯磺酸氨氯地平片、SIM-14、SIM-81、SIM-63 等一列新品新药。先声药业新药研发的成功,得益于其逐步扩展的研发网络构建。先声药业构建公司研发网络大致经历了以下三个阶段:

一、第一阶段(2001—2006):整合国内优势资源

在先声药业管理层意识到必须通过新药研发来获取公司竞争力之后,先声药业专门成立一个部门来收集国内各大科研院所和高校的所有项目信息,同时,还从国内供应商、国内会议、国内展销会那里搜寻项目信息。采用国内科研合作,在做仿制药的过程中,与国内高校和研究机构有少量的国内合作,旨在联合研制新药。2004 年整合江苏先声药业新药研究中心、海南省化学药物工程技术研究中心、江苏省医药工业研究所有限公司,组建江苏先声药物研究有限公司。在此阶段,先声药业研发网络主体主要由竞争者组成。在战略导向上,先声药业利用以前积累的营销优势,了解更多竞争对手动态,掌握用户需求信息,市场导向比较高;每年新药研发的投入都在 5 000 万—8 000 万,研发投入占先声中销售额的 4%—5%,主要用于购买新药,技术基本来自外部,依托药物研究院,从生产简单的仿制开始迈出药物创新的第一步,在后期更加聚焦于更高利润的"首仿药"开发,技术导向比较低。在

① 本案例部分引自:魏江.创新全球化:中国企业的跨越[M].北京:科学出版社,2016.

技术创新模式上，先声药业主要聚焦于购买现有技术进行利用式创新为主。在创新网络构建上，主要通过外部并购来加强生产能力的建设。

表 5.1　先声药业在整合国内优势资源阶段的网络主体情况

<table>
<tr><th colspan="2">网络主体</th><th>驱动力</th><th>合作形式</th></tr>
<tr><td rowspan="4">竞争者</td><td>江苏汉合制药有限公司</td><td>建立生产能力</td><td>并购药厂和药品</td></tr>
<tr><td>海南海富制药有限公司</td><td>看中“再林”的潜力，建立药品生产能力</td><td>并购药厂和药品</td></tr>
<tr><td>上海哈慈一药业有限公司</td><td>建立生产能力</td><td>并购药厂和药品</td></tr>
<tr><td>南京东元制药有限公司</td><td>看中“安奇”的潜力，进一步强化产品组合和生产能力</td><td>并购药厂和药品</td></tr>
</table>

二、第二阶段(2007—2012)：加大国内整合，探索国际合作

在国内优势资源整合的后期阶段，先声药业主要是基于药物研发项目，与国内高校、科研机构、制药公司建立了良好的合作关系，例如与清华大学、复旦大学、英国 GSK 公司等在内的涵盖高校、科研院所和竞争企业的多家组织进行了技术合作。此外，先声药业针对有价值和开发前景的项目，与国内最好的高校和科研机构开展多种形式的合作，了解竞争对手的研发动态，并且对其威胁能给予快速反应。随着先声药业在美国成功上市，其具备了国际视野以及对创新药物的强烈需求，此时在国内很难找到创新项目，它便开始寻求与国际公司建立联系。由于先声药业实力比较弱并且缺乏国际合作经验，因此合作的对象仅限于国外的一些中小科技型公司。它通过引进国外公司的新药项目，利用中国研发成本低和临床试验病例丰富等优势，提升了创新药的研发效率。“恩度”的引进弥补了先声药业在生物制剂领域的空白，也为其带了许多新工艺与新技术。创新性方面，主要依托药物研究院研制创新药或中国市场上首先研制的品牌非专利药。为了使药品能够在第一时间上市，先声药业通常投入大量资金来抢占先机。先声药业做创新药的目的很明确，同时积极与国内最好的高校、科研院所、企业合作以获得他们的异质性知识。

表 5.2 先声药业在加大国内整合探索国际合作阶段的网络主体情况

网络主体		驱动力	合作形式
高校	清华大学	高校的专业和理论优势	对具有自主知识产权创新药物进行研发,建立“创新药物联合实验室”
	南京大学	高校的专业和理论优势	技术合作
	中国药科大学	高校的专业和理论优势	联合研发新药:建立“江苏省抗肿瘤分子靶向药物研究重点实验室”
	东南大学	高校的专业和理论优势	联合研发新药:建立“江苏省抗肿瘤分子靶向药物研究重点实验室”
	复旦大学	创新药物:注射用双功能水蛭素	联合研发:技术转让协议
科研院所	中科院上海药物研究所	科研院所的科研优势	技术合作:对恩度潜在配方的研究,联合开展扩大恩度适应证的临床药效研究
	中科院上海机电化学研究所	科研院所的科研优势	技术合作:对新药进行研发
竞争者	英国 GSK 公司	提升扎那米韦在中国地区的研发和商业权益,加速创新药研发效率	利用中国地区研发成本和临床试验病例丰富的优势,联合研发,共享收益
	美国 Adven Chen 实验室	共享研发成果的全球权益	引进海外小型科技公司的早期创新药物项目,对盐酸西莫替尼,化合物的抗癌药物进行研发、临床研究、商业化
	美国 Epitomics 生物技术公司	共享研发成果的全球权益	引进海外小型科技公司的早期创新药项目 SIM-63,开展合作研发
	安捷伦科技	分析测试	组建“Agilent-Simcere 合作实验室”
	润新生物	创新药物研发的战略合作	联合研发,签订战略合作伙伴协议

2011 年,先声药业与默克公司共同成立合资公司,标志着企业到了与国际一流合作伙伴合作研发的水平。此时公司外部合作研发投入比例已经占到其研发总投入的 50%以上。随着先声药业实力的增强、国际化视野的提升以及创新药的丰厚回报,先声药业更坚定了它对创新药的追求,它以创新药为主,仿制药为辅,为了先获得研发成果和专利,大额度资助高校或专家

进行创新药的前期研发，但对研究结果不做硬性要求。先声药业从国外大公司引进一批具有海外留学和医药背景的研发人员并形成其研发梯队，大大推进了公司的国际合作。在创新网络特征上，在高市场导向和技术导向的联合影响下，先声药业开始通过专利许可、共享权益、成立合资公司等方式引入国际合作项目。此外，合作伙伴中竞争者和科研院所数量进一步增加，合作伙伴的国外部分进一步分散，其合作伙伴组织多样性和地理多样性程度也进一步增加。

表 5.3　先声药业在国际全面合作阶段新增网络主体情况

网络主体		驱动力	合作形式
竞争者	上海赛金生物制药	进入抗体和疫苗领域	基于股权的合作
	美国 BMS 公司	BMS817378 在中国地区研发和商业权益，加速创新药的研发效率	联合研发：利用中国低研发成本和临床试验病例丰富的优势，引进新药项目，共同研发抗肿瘤药物
	江苏恒瑞医药	致力于创新药物孵化	联合研发：联合创立“抗肿瘤药物技术创新产学研联盟”
	美国 OSI 制药公司	获得在中国独家开发的权益，加快推进创新药在中国的研发速度	合作研究，直接引进已进入临床阶段的原创新药，对 Thiophenib 多靶点小分子抗肿瘤药物进行临床研究
	泰格医药	创新药物临床研究、数据管理和统计、注册等多个领域进行全方位合作	成立战略合作伙伴
	默克公司	默克：先声药业的营销和政治网络 先声药业：默克的品牌，创新药物的技术、工艺、管理流程	成立合资公司——“先声默克沙东中国药业公司”

三、第三阶段(2013 至今):构建全球化研发孵化平台

先声百家汇是由其董事长任晋生于 2013 年创立的新型医药类科技企业孵化平台。百家汇围绕"三个园区,两类公司,一条管线"构建一个开放式的药物创新平台。已建有一条具有全球竞争力的高创新价值的研发管线,适应证涵盖肿瘤、免疫疾病等重大治疗领域;重点汇聚两类创新创业公司——投资公司和入驻公司,与来自全球的创新者以开放的合作方式共同创业;百家汇在南京、上海、天津三地建设了开放式科技园区,即南京徐庄百家汇、上海国际医学园百家汇、天津空港百家汇。经过两年多的实践,不断迭代、升级,形成了以精准医疗技术和产业为特色的,集研发、生产、营销、资本运作于一体的开放式平台,百家汇平台的使命就是用精准医疗的手段帮助更多的人。目前,已经汇聚创新创业类科技公司 93 家,其中南京园区入驻企业 54 家。

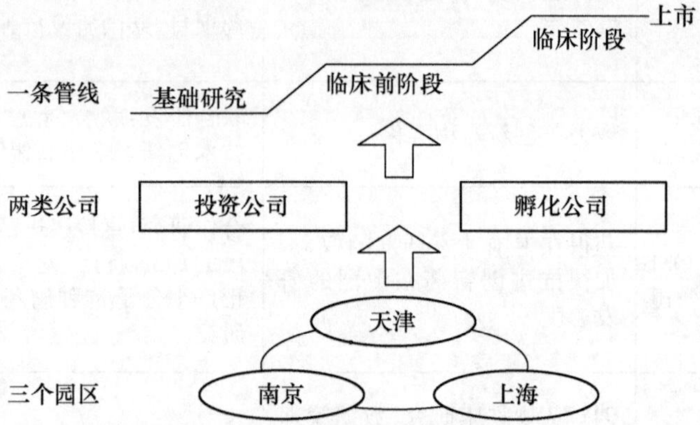

图 5.5　百家汇平台运营模式

1. 打破传统封闭式研发模式,打造开放式创新药研发平台

传统的药物创新就是某一个制药公司成立自己的研发部门,引进外部优秀人才,给研发部门专门的研发预算,既鼓励公司自主研发,也不排除和外面合作,研发成果、专利都属于公司。各制药公司的研发模式、组织形式大同小异,效率不高,市场化程度不够。虽然先声药业一直在加大研发投入

做创新药，但经济效益明显低于预期。在平台经济异军崛起的创新大潮中，先声药业董事长任晋生想到要打造开放式创新药物研发孵化平台，于是“百家汇”应运而生。“百家汇”是专业的新药孵化平台，只吸收药物创新公司，涵盖创新药物的整个环节和价值链。百家汇也区别于政府孵化器，是一个创新创业公司的聚集地，是一个开放式的创新创业平台，将依托制药企业、境内外科研机构、全球投资基金，形成共同孵化培育创新创业企业的合作模式。

2. 构建生态化的研发创新网络

百家汇以中国制药企业研发资源与技术平台为基础，不断联合全球资本、科技公司、医疗机构，聚焦精准医疗领域，对来自全球的潜力创业项目和公司进行合作、投资和孵化，共同构筑精准医疗产业链布局。在寻找创新性药物的同时，百家汇还关注对新生物标记物的发现，以及基于这些新的生物标记物的伴随诊断、医学级别的可穿戴设备和传感器等领域。致力于通过促生精准医疗领域新技术，大幅提升医疗手段和药品的有效率，降低不良反应发生率。

百家汇连同先声药业作为出资人参与了汇桥资本、哈佛大学专项天使基金、薄荷天使基金和江苏天汇红优医药健康产业基金等全球 8 家知名投资基金，参投基金总规模 16 亿美金，出资金额 1.7 亿美金。截至 2017 年 6 月，已投资来自全球的创业科技企业 22 家，投资总额超过 18 亿元人民币。其中三家被《MIT 科技评论》评选为“2016 年全球最聪明的 50 家公司”，2 家为欧洲生物医药著名的三家“独角兽”公司之一。

与此同时，百家汇依托转化医学与创新药物国家重点实验室、转化医学与创新药物技术研究所，以及投资企业、孵化企业的相关能力，构建了精准医疗技术支撑平台。在百家汇原有化学、生物制药平台、临床前评价平台基础上，精准医疗百家汇侧重于引进基因测序、分子诊断、生物标记物开发、干细胞、基因治疗、细胞治疗，3D 打印等精准医学相关领域创业公司。目前，百家汇三地平台上，已经聚集了生命科学创业公司逾 110 家。

3. 建立全球创业孵化网络

“百家汇”积极谋求更大发展格局，已建立全球化多层次的孵化网络，一是在美国、中国、欧洲、以色列、加拿大五个全球创新最活跃的区域寻找适合孵化的项目，“百家汇”在美国、中国已经各组建了一个项目评估团队，目前已经评估了 200 多个项目，从中选出了 8 个入驻。二是整个投资团队中，目前弘毅投资、挚信资本、复星药业已经投资百家汇创业基金，计划三年时间里有针对性地投资 30 亿元。三是创新药物的独特研发平台，目前“百家汇”已经有抗体、临床前、临床、疫苗、重组蛋白平台。“百家汇”就是把临床前的项目推进到一期临床和二期临床，最终出创新成果。

第六章　进一步优化江苏网络化产业技术创新系统的对策建议

第一节　构建苏南自主创新示范区创新网络

一、打造苏南城市群科技创新中心

以苏南五市为主体，以南京和苏州为双核，充分发挥南京科教资源丰富、研发实力雄厚的优势和苏州先进制造发达、商务环境优越的优势，带动无锡、常州、镇江联动发展，以城市功能升级为依托，打造具有各类高技术产业特色的产业科技创新城市，以苏南城市群为主体，形成全国乃至全球有影响力的产业科技创新中心。提升苏南办的地位和功能，构建跨城市创新联盟以提升区域创新协作能力。支持各中心城市依据自身特色，建设大数据、云计算、知识产权服务、技术转移服务、金融服务等多点分布式创新服务平台。加快苏南国家自主创新示范区科技体制改革，力争在创新型园区建设、新型科研机构建设、本土创新型人才培育、前瞻性技术研发与布局、重大科技成果转化、科技计划管理、“双创”平台建设等方面率先突破，引领全省创新驱动发展。

二、完善苏南自主创新示范区的互动协调机制

苏南自主创新示范区建设迫切需要克服恶性竞争，实行集成推进，需逐

步完善苏南自主创新示范区的互动协调机制，建立多层次、开放性、融合互动的、共同发展的合作机制。加强多层次的统筹协调，通过差异化定位，加强产业协作配套、科技协同创新，形成特色鲜明、有机互补、方阵式的发展格局。不断优化互动协调机制，加强制度创新，不断完善苏南自主创新示范区建设的运行机制。建立大型科技仪器、科技专家资源、科技信息资源等创新资源的共建共享机制；建立常态化的重大共性关键技术的联合攻关机制；建立不同地区间的技术转移和成果转化机制；建立基础公共服务供给的多元参与机制；建立协同推动的工作机制和绩效评估机制。

三、优化创新空间布局

构建苏南自主创新示范区"一轴两区、多点布局"的创新布局。"一轴"是沪宁沿线五个中心城市组成高端中心服务轴，定位是具有全球资源配置能力和创新生产网络组织能力的服务中心。"两区"分别是沪宁沿线以东地区的沿江智造密集区和沪宁沿线以西地区组成的智能宜居区，沿江智造密集区定位为具有全球竞争力的先进制造业基地和科技创新财富转化基地，重点是完善江阴、张家港、昆山、常熟等城市的综合功能，将其培育成为区域次中心城市。基地智能宜居区重点培育 1—2 个以科教研发为主的科学城，一批以科技创新为主的科技城和生态宜居为主的慢城（养老城）；限制制造业布局，发展旅游休闲业和文化创意产业；强化交通和信息基础设施，保障与中心城市和东部地区的人员便捷流动，信息高效互通，以此来吸引最具投资价值的人才。

第二节　建设体现江苏标志的创新主体

一、推进省内高水平大学建设

探索中外联合办学模式，联合国外名校建立若干所高水平大学，引进国外先进人才培养理念和管理经验，形成示范效应。面向全球有影响力的产业科技创新中心，筹建若干所应用研究型大学，专门培养高水平应用研究和成果转化人才，在专业设置上，应尽可能与江苏产业发展基础和趋势契合，注重应用研究的高水平，注重培养学生的实践能力和创新能力，注重为具有创业精神的学生提供更良好的支持条件和教育指导。支持高校“双一流”建设，支持南京大学、东南大学等高校进入全球高水平大学之列。支持省内高校构建全球创新网络，在新一代信息技术、新材料、高端装备等优势领域布局开放式创新平台，建设面向全球竞争、开放协同的国家技术创新中心，争取筹建一批国家实验室。支持省内高校依托优势学科引进全球顶尖人才，深化人才引聘、职称评定、绩效评价、薪酬分配、创新创业等体制机制改革，建立与国际高等教育接轨的制度环境。创新大学校长、学院院长、学科带头人等领袖人才的选拔机制，建立全球视野的领袖人才选聘机制。

二、建设世界一流科研院所

实施江苏省世界一流科研院所建设“高峰工程”，全面接轨国际水准、融入国际创新网络、集聚国际顶尖人才，在巩固和发展江苏研究院所优势与特色的基础上，突出重点、凝聚力量，实现世界一流水平的率先突破、跨越发展。以国际学术领袖为引领，高起点创建 1—2 家人才引领型研究机构。引入全球顶尖的科学家来江苏建立专业研究所，以学术大师为核心，凝聚一批顶尖学者、产生显著的集聚效应，形成国际上具有引领性的重大科学研究前沿，产生具有划时代意义的学术思想和研究成果。以独特机制为突破，在新兴领域培育3—5家具有世界影响力的新型研发机构。充分利用当前研发组织模式全球化、网络化、扁平化的发展新趋势，同时审时度势、精准定位，瞄准有可能占领创新前沿的领域，采取超常规的策略，支持江苏省产业技术研究院等具有独特方向、独特机制、独特应用的新型研发机构，力争在较短时期内迅速冲刺国际一流，实现跨越式发展。以江苏重点院所为对象，高标准遴选5—10家具有冲击世界一流潜力的院所，集中力量重点建设；遴选行业特色鲜明、具有冲刺国际一流水平潜力的专业院所，如江苏省血吸虫病防治研究所、中科院土壤研究所等，通过重点支持引导和培育建设，进一步集聚国际化高端人才、完善学术环境建设、加强国际交流合作、加大研究成果转化等，实现向世界一流科研院所转变，进入国际同类科研院所一流行列。

三、培育旗舰型创新企业

旗舰型创新企业对一个区域的创新发展起到重要的支撑和引领作用。2016年华为研发投入630亿元，约相当于江苏全社会研发投入的1/3。阿里巴巴、百度、腾讯2016年研发投入都在100亿元以上。这些旗舰型创新企业的研发投入能带动整个区域创新能力的提升。在互联网已经广泛渗入社会经济的各个领域的背景下，未来的旗舰型创新企业多为平台型生态型企业，因此在新一轮科技革命和产业变革的背景下，江苏应着力培育平台型生态型企业。一是支持龙头企业建设研发平台，提升研发创新能力。大力支持行业龙头企业建设国家级及省级重点实验室、工程技术研发中心、产业技术创新中心等。二是推动制造业龙头企业向平台企业转型。支持制造企业建立网络化协同平台，建立多场所、一体化、最优能力集成的研制生产新模式，支持制造企业跨界整合，打通全产业链条。三是支持龙头企业构建“双创”平台。在总结先声药业“百家汇”新药孵化平台的经验基础上，学习海尔Hope平台、美的MOIS平台、飞天众智平台，支持更多的创新型企业搭建“双创”平台，集聚、整合、共享全球范围内创新创业资源。

第三节　全面推进高新区转型升级

一、推动高新区企业和产业集群转型升级

一是以“强企”为导向，加快企业转型发展。引导企业按照供给侧结构性改革的要求，面向市场需求，加强新技术、新工艺的研发与应用，开发新产品，在市场的引导下逐步淘汰落后产能。引导企业“管理换脑”，通过多种形式引导企业建立现代企业制度，实施科学决策。引导企业进行企业研发机构贯标，建立研发驱动发展的发展模式。二是以“强链”为导向，招引产业链关键核心技术环节企业入驻，引导支持本土企业加强关键核心技术研发，加强产学研协同创新，吸引更多的高校院所与园区共建重大研发平台，推动整个高新区内产业集群向中高端攀升。三是以“建链、补链”为导向，大力发展先进制造业和现代服务业。促进制造业向服务业延伸，推动制造企业向服务企业转型，加快专业性服务发展，为制造业的高端发展提供更多服务和动能。

二、创新高新区体制机制

一是规范完善高新区管理体制。加快《苏南自主创新示范区创新条例》的出台，以法律形式规范高新区的管理体制。制定高新区管委会职能“负面清单”，推进政府职能转变，探索建立“小政府大社会，小机构大服务”的管理模式。二是鼓励高新区创新探索先行先试。鼓励高新区探索深化股权激励、高层次人才招聘考核与管理、科技投融资、新型研发机构建设、创业服务等方面的改革创新。三是完善市场化开发机制。在条件较为成熟的高新区推行管理主体与开发主体相分离，引进、发展综合发展运营商，探索园区连

锁化经营模式，积极发展飞地经济。鼓励社会资本参与高新区重大平台建设，发挥民间资本在公共服务供给方面的积极作用。建立健全智库参与的决策咨询制度。

三、完善高新区创新生态系统

在新的发展起点上，江苏高新区应充分发挥市场机制的作用，大力培育创新服务机构，完善创新生态系统，优化“大众创业、万众创新”环境，培育产生“新技术、新产业、新业态、新模式”的沃土，实现发展动能的转换。一是提升科技服务能力，引导各地高新区在创新核心区集聚一批研发设计、技术转移、检测检验、知识产权、科技咨询专业科技服务机构，建立覆盖科技创新全链条的科技服务体系。二是大力发展科技金融。大力发展天使投资和创业投资，发挥政府资金的引导作用，加强对种子期、初创期科技企业的融资支持；大力发展多层次的资本市场，积极支持本土企业在新三板、创业板、主板上市，加强科技保险、科技担保供给，探索知识产权、股权质押融资机制。三是健全完善发展创业孵化体系。大力发展众创空间，引导众创空间提升运营品质和运行效率，构建特色服务模式和合理商业模式。鼓励发展新型孵化器，鼓励探索“互联网＋”创业服务，鼓励社会力量参与建设一批“孵化器＋宿舍”“孵化器＋商业空间”等新型创业空间。

第四节　深化产学研协同创新体系

一、完善企业产学研协同创新机制

进一步强化企业在技术创新中的主体地位，鼓励企业开展产学研协同创新，推动技术、项目、人才、资金等各类创新资源向企业集聚。引导高校科研人员面向企业需求，联合企业共同申报产学研合作项目，开展重点技术的联合攻关。鼓励企业出资与高校院所联合开展前沿技术研究。促进高校科研人员直接为企业服务，完善"科技副总""企业博士"等企业创新岗制度，从省内外高校院所选派高层次专家教授、博士到我省企业兼职担任科技副总，帮助企业拓宽产学研合作渠道、引进和培养技术创新人才、强化企业研发机构建设、完善企业技术创新体系。鼓励高校科研人员带着科研项目在企业开展创新工作或创办企业。在高校和科研院所设立一定比例流动岗位，吸引有创新经验的企业家和技术人员到高校兼职。完善"科技创新券"试点工作，推动苏北企业购买高校院所、第三方独立机构的科技服务。

二、加强产学研合作平台建设

加强产学研产业协同创新基地建设，积极引进高校院所等创新资源共建产业技术研发平台和服务平台。支持基地围绕产业创新发展组建产业技术创新联盟，打造有影响力的国际化、专业性的品牌对接交流和学术研讨活动。建立产业开放发展专项基金，探索构建各类创新主体间互补互动、合作共赢的协同创新机制和完善的产业创新系统。引导支持地方政府、科技园区等引进一流高校院所共建产业技术研发机构等重大创新载体；加强与中科院、清华大学、北京大学等大院名校的沟通与合作，主动衔接中科院率先行动计划,争取其重大战略性产业技术研发分支机构落户江苏。提升研发机构创新服务能力,引导产学研合作共建研发机构,加强服务平台建设,提升产业创新服务能力,创造条件建设地方和省级重点实验室、工程技术研究中心等创新平台,并争创一批国家级的科技创新平台;支持共建研发机构,积极拓展与地方高校院所及企业研发机构合作,促进江苏相关学科建设和本土化人才队伍培养,提升机构及相关产业创新能力发展。

三、完善高校技术转移体系

发挥高校院所创新源头作用,加快知识流动和技术转移,加快推进高校院所创新资源开放共享,探索建立技术转移新模式、新机制,提升技术转移效率和专业化水平。支持省内高校普遍建立技术转移中心,引导省外科技成果丰富的著名高校、科研机构在江苏建立具有专业队伍、实体化运作的技术转移机构,促进全省技术转移网络体系建设。强化高校技术转移中心能力建设,开展国际合作,加强人才、技术和运营管理等交流,拓展国际技术转移服务业务。加强技术转移人才队伍建设。坚持引进与培训相结合,努力打造一支包括技术经纪人、专利代理人、法律顾问、项目经理等专业化技术转移人才的队伍。通过高端讲座和境外培训等多种方式,加强高校技术转移中心业务骨干的培训,努力打造一支熟悉产学研工作和技术转移规律、具有强烈合作创新意识的优秀技术转移队伍。引导高校出台专门政策,面向海内外引进复合型领军人才团队,建设高水平、专业化的技术转移示范机构。推进全省技术转移联盟建设,鼓励地方以高校院所、共建机构和科技园区为依托建立地方技术转移联盟或协会组织。

第五节 促进产业技术创新体系国际化

一、构建全球开放创新网络

江苏的开放创新走在全国前列，如何进一步发挥开放创新优势，形成开放创新新特色是江苏在新的历史时期应着重关注探索的课题。坚持以全球视野谋划和推动江苏的科技创新，立足江苏的需求集聚全球科技创新资源，深度融入全球研发网络和成果转化网络，以苏南自主创新示范区、高新区为主阵地，拓展合作渠道、创新合作模式、完善服务体系，推动产业创新水平与国际同步、研发活动与国际融合、创新机制与国际接轨。打造全球人才高地，突出"高精尖缺"导向，实施人才全球战略，实施顶尖人才顶级支持计划，引进世界一流的顶尖人才团队。搭建人才国际交流与创业平台，为全球青年创业提供导师与专家支持、提供创业政策与创业基金支持，提供高端教育培训。支持高新区构建全球创新发展网络，加强区内企业、研发机构、中介组织、金融机构与国际的联系与合作，支持高新区在海外建立研发中心。积极拓展与海外产业技术组织的合作交流，如海外科技园区协会、国际创新网络、国际学术组织等。鼓励各类科技计划项目，尤其是重大项目在实施过程中，加大对全球创新资源的有效利用，促进关键技术突破与国际先进成果落地转化。

二、推进企业国际化

促进本土企业的国际化，提升本土企业的国际化创新能力。鼓励企业通过联合研发、技术转移、委托研发、人才引进、战略性合作等多种方式，加大国际科技合作力度。鼓励企业加入世界主要技术标准组织，牵头或参与建立国际性的产业技术创新联盟。鼓励本土企业加快建立海外研发中心，加强与国际科研机构的合作研发，按照国际规则并购、合资、参股国外创新型企业和研发机构，提高海外知识产权运营能力。鼓励本土企业通过参与全球标准制定，推进有实力的创新型企业和高新技术企业“走出去”，以收购、并购或直接投资等方式在境外设立研发创新载体，获得企业发展所需的关键技术和人才团队，在境外开展科研活动，提升企业整合利用全球研发创新资源的能力。瞄准国际顶级机构，引进建设高水平的创新国际化载体。引进跨国公司在江苏设立高层次、全球化的研发中心，并推动其与本土企业开展深度合作，充分发挥外资研发机构的技术溢出效应。推动企业借助国际创新资源加快转型升级，积极应用国际科技成果开发应用新产品，把握国际产业发展趋势快速开发应用新模式。鼓励企业积极打造制造业品牌，提升产品国际市场竞争力和品牌价值。推动加工贸易企业转型升级。

三、提升国际化服务水平

加强省跨国技术转移中心建设，完善综合性的国际科技合作公共服务平台；鼓励引进海外一流高校、科研机构、高科技企业及服务类机构，建设国际化的技术转移转化及创业孵化服务载体；加快构建多层次、广领域的创新国际化服务网络体系。鼓励各县市及高新区围绕主导产业形成各具特色的对外创新合作布局，新增一批有效运行的国际合作渠道或合作载体。促进创新服务机构的国际化，提升利用全球创新资源的能力。引导和支持孵化器聚集国际资源，提升孵化器吸纳全球高端创业项目和团队的能力。鼓励企业在海外设立孵化器，吸引海外原创技术和项目入孵。设立海外孵化种子引导基金，吸引国际孵化器入驻，引进国际高端技术和项目。加快建设国际化第三方专业服务平台，构建支撑企业国际化发展的科技服务体系。吸引国际创新服务机构入驻，为本土企业提供科技咨询、科技评估、知识产权保护、国际专利申请、国际技术转移、国际标准检测认证以及境外的法律、财务、税收咨询等服务。

第六节　构建人才支撑发展体系

一、创新人才培养模式

借鉴美国实用人才培养经验，在中小学和高等教育的课程设置中，逐渐推行 STEM 教育，提高学生通过合作学习或协作学习方式解决实际问题的能力，培养一批能适应科技创新和产业变革的跨领域、复合型工程技术人才。同时兼顾艺术教育，注重培育创造性人才，重视艺术教育、艺术涵养在培养人才创新思维、开放思维、批判思维，以及开发想象力和创造力方面的作用。重视高等教育中的创业精神培育，强化大学生创业意识和综合能力培养。支持建设企业大学、创客学堂等新型社会教育培训机构。高度重视青年人才的培养工作，在各类科技项目中，提高对青年人才的资助比例。建立企业家培训制度，通过强化项目支持、建立定向联系、搭建合作平台等途径，进行定制式培育和个性化扶持，培养一批既通科技又懂市场的复合型创新创业人才。把握创业企业家代际交接的阶段特征，整合运用领军企业、知名高校和创业成功人士资源，选拔“创二代”后备人才进行专项培养培训，造就一批优秀青年苏商。

二、健全人才激励机制

落实事业单位用人自主权，允许用人单位自设岗位，按市场机制招聘和引进高层次人才，自主决定考核方式和奖励办法。鼓励企事业单位设立首席研究员、首席科学家、首席工程师等专业技术岗位，给予其具有市场竞争力的相应待遇。健全人才评价制度，以贡献和业绩为导向，对高校、科研院所人才实施不同评价方法。改革职称评审制度，突出用人单位在职称评审中的主导作用，扩大用人单位评审权限。加大对关键岗位、业务骨干和做出突出贡献的工作人才的奖励力度，突出体现知识的价值和贡献。鼓励高校、科研院所等事业单位科研人员依法依规适度兼职兼薪、创新创业。积极发展人才金融。推进人才、资本和产业有效对接，鼓励引导企业和社会资本积极参与，完善人才创新创业金融支持体系。推行“拨＋投”“拨＋贷”，发展投贷联动、投保联动、投债联动，推出“人才投”“人才贷”“人才保”等金融产品。释放人才活力，打破户籍、地域、身份、人事关系等制约，建立以能力、业绩、贡献为主要标准的评价导向，完善由第三方专业机构和用人单位等市场主体评价人才的机制。

三、大力发展职业技术教育

逐步建立与江苏制造业大省强省相适应的职业技术教育体系，提高职业技术教育水平，将职业技术教育与产业发展需求紧密结合起来，培育一大批高技能产业工人，为当地产业发展服务。引导一批普通本科高校和独立学院向应用型高校转型发展，推进中职、高职、应用型本科教育分段培养或联合培养，重点发展一批高等职业院校，扩大高级技工、技师培养规模。建议在有条件的高新区创建园区大学，加强对园区内产业工人的教育和培训，开发网络培训课程，使产业工人能通过各种途径迅速掌握本行业所需技能。推行企业新型学徒制、“双导师制”“双元制”职业教育，完善职业教育学历与职业资格证书双证书制度。推行企业首席技师、特级技师制度，享受教授级高级工程师待遇，试行年薪制和股权制、期权制。积极发掘和培养各领域能工巧匠、民间艺人等乡土人才，加强乡土人才技能培训和技艺传承。

第七节　优化产业创新政策支持体系

一、构建多层次创新支持政策

准确把握新技术革命发展趋势和全球产业发展情况，结合江苏的比较优势，制定符合江苏特色的综合性政策支持体系。在宏观层面，面向全球有影响力产业科技创新中心建设目标，进一步加强《关于加快推进产业科技创新中心和创新型省份建设若干政策措施》的贯彻落实。结合"江苏制造2025"的顶层设计，出台对应的阶段性支持政策。在中观层面，调整优化产业扶持政策，注重从企业质量、人才质量、产品质量、环境质量等多个方面全方位提高产业发展水平，从抓标准建设、产品质量、知识产权、管理提升等方面提高企业的整体素质，从教育改革、人才评价、激励机制设计等方面优化人才供给，从平台搭建、服务提升、制度建设等方面提高创新创业环境质量。在微观层面，通过财税支持，鼓励企业加大自主创新和技术改造力度，加大研发投入力度，鼓励企业采用新技术、新生产方式、新商业模式，提高企业创新活力。加强与国家有关政策措施的衔接，提出在财税、金融、土地、环保、创新等方面针对性和操作性较强的政策文件。

二、优化产业合作政策

遵循产业发展规律，科学统筹布局，充分发挥各市比较优势，深化区域间协作，积极推进产业链转移、企业组团转移。探索园区共建模式，鼓励苏南、苏中、苏北各市之间合作共建产业园区，加强产业对接和项目合作，充分发挥共建产业园区的示范、辐射和带动作用，把共建园区建成制造业的集中区、吸引外资的集聚区、区域合作的示范区。探索飞地经济新模式，鼓励本地园区与中西部地区共建飞地园区，建立互惠共赢的合作模式，共同拓展市场和发展空间。鼓励合作方共同设立投融资公司，采取政府和社会资本合作(PPP)等模式，吸引社会资本参与园区开发和运营管理。提高园区专业化运行水平，支持通过特许经营、政府购买服务等方式，将园区部分或全部事务委托给第三方运营管理，条件成熟地区可探索园区管理与日常运营相分离。加强与国际先进园区的产业合作，建立国际化的交流机制，通过共建实验室、联合攻关科技项目、技术转移、企业间合作等多种方式，引进国际先进技术、人才、理念和企业。

三、完善创新投入政策

探索“拨改投”“拨改贷”“拨改保”“拨改补”“拨改奖”等创新投入方式，加大对基础性、公益性、共性关键技术研究的投入力度。大力推行“人才投”“人才贷”“人才保”降低各类人才融资门槛。加强财税政策对企业创新的支持，健全鼓励企业创新投入制度。发挥投资基金作用，支持高成长性企业。围绕企业成长链条研究制定针对不同发展阶段企业的扶持政策。鼓励市场化天使投资基金积极投向高成长性中小企业的同时，研究制定激励社会资本投入的有效政策，支持企业实施互联网协同创新、研发重大颠覆性技术、推行智能制造模式、创造新的商业模式，获得爆发式增长。确保江苏高技术产业科技投入稳步增长，可考虑以立法的形式，确保省、市、县及各高新技术产业开发区财政科技支出增长率高于财政收入增长率；进一步落实高企研发投入加计扣除税收优惠政策，扩大科技创新券试点范围，引导企业加大研发投入。面向前瞻性战略性产业发展，加强对前瞻性产业技术的研发支持，特别要加强对具有研发突破潜质的企业的支持。

第八节 培育江苏工匠文化精神

一、加强工匠文化精神教育

注重从小培养学生的工匠文化精神，在中小学教材中有意识培养中小学生的工匠文化意识。在从小学到大学的教育中，注重科学与人文并重的人才培养模式，既要加强 STEM 教育，提高学生解决实际问题的能力，又要加强艺术教育，培养学生精神情感、道德情操、想象力和创造力。将工匠文化精神贯穿于职业教育始终，通过工业文化展示、工业发展历史讲解、实地参与实践等多种形式，让学生从感性到理性到精神层面纵深地理解工匠文化精神。通过传授完整的产业链知识与技艺，让学生了解产品的改革和产业发展动向，感受工艺形成的历史文化，体会工艺的价值和工匠的地位。加强校企合作，通过提高校企合作成效，使学生躬行践履、知行合一，实现从知识、技能到素养、精神的高度融合，真正落实工匠精神的培育。

二、培育"江苏制造"独特工匠文化

将"精细、优美、空灵、质感"等人文元素融入江苏制造中去，铸造江苏独特的工匠文化。培育具有深厚文化内涵的人才队伍，培育一批具有较高技能水平的工人、一批精益求精的工程师、一批具有强烈求知欲和创新精神的科学家、一批具有强烈冒险精神和进取精神的企业家。发扬工匠精神，提升工业文化，提升工业品的技术含量、文化含量、艺术含量等等。提升江苏创新设计水平，建议在南京、苏州等人才资源密集地区建立创新设计研究院，重点研发基于大数据分析的客户需求设计技术、基于知识的多设计方案协同求解技术、设计多通道意图捕捉与感知交互技术等创新设计关键技术，带动江苏创新设计整体提升。发挥企业工匠精神实践主体作用,引导企业建立研发机构标准体系建设,提升研发管理和创新水平。引导企业实施精细化质量管理,提高质量在线监测、控制和产品全生命周期质量追溯能力。

三、形成崇尚工匠精神的文化氛围

加强宣传,引导全社会深刻认识培育和弘扬工匠精神的重要意义,完善激励制度培育和弘扬工匠精神。提升技能工人的社会地位,增强技能人才的光荣感和责任感,鼓励更多的年轻人走技能成才之路,形成"崇尚一技之长、不唯学历凭能力"的社会氛围,让更多的年轻人传承工匠精神,专心专注钻研技能。健全工匠精神评价机制,设立与工匠精神有关的奖项,评选奖励一线员工和专业技术人员;在省级层面、市级层面和行业领域组织开展各种生产技能竞赛,引导人们在工作中精益求精。围绕产业工人的培训、奖励、社会保障等建立完善的制度体系,转变"重装备、轻技工,重学历、轻能力,重理论、轻操作"的观念,逐渐形成培育工匠精神的良好土壤。完善知识产权保护制度,构建知识产权创造、保护和运用体系,严厉打击侵权假冒行为,使创新者的合法权益切实得到保护。

附录一:江苏省高技术产业综合竞争力国内对比分析

摘要:本文利用《中国高技术产业统计年鉴(2011—2015)》五年数据,运用综合指数法计算了2014年全国各地区高技术产业及五大细分产业综合竞争力指数,以及江苏省2010—2014年连续五年的高技术产业及五大细分产业综合竞争力指数,同时重点将江苏与广东、北京、上海、山东、浙江等发达省市高技术产业综合竞争力指数进行了比较,分析当前江苏高技术产业在全国的竞争力水平及存在的问题,并提出了确保科技投入稳步增长、重视人力资本提升和专业化服务、提高创新国际化水平三个方面的对策建议。

关键词:高技术产业;竞争力;江苏省;指数;评价

一、引言

高技术产业是指用当代尖端技术生产高技术产品的产业群,是研究开发投入高、研究开发人员比重大的产业,具有高知识密度、高资本密度、高人才密度、高附加值、高增长率等特点,当前世界主要发达国家纷纷将发展高技术产业作为抢占新一轮经济增长制高点的重要手段。"十三五"时期,江苏将建设全球有影响力的产业科技创新中心,迫切需要大力提升高技术产业国际竞争力。为此,本文运用综合指数分析法,建立了一套高技术产业综合竞争力评价指标体系,拟对江苏高技术产业综合竞争力进行总体评价。

基本思路是:利用《中国高技术产业统计年鉴(2011—2015)》的统计数据,计算2014年全国各地区高技术产业及五大细分产业综合竞争力指数,以及江苏省2010—2014年连续五年的高技术产业及五大细分产业综合竞争力指数,同时重点将江苏与广东、北京、上海、山东、浙江等发达省市高技术产业综合竞争力指数进行比较分析,为江苏进一步发挥自身优势,缩短与兄弟省市的差距提供重要参照和依据。

二、综合评价指标体系和指数计算方法

1. 综合评价指标体系的建立

(1) 指标体系建立的原则

综合性。对江苏高技术产业综合竞争力进行总体评价,在指标选取时尽量考虑全面,既要考虑到产业的整体规模,又要考虑到产业的经济效益;既要考虑到创新的投入水平,也要考虑到创新的产出水平。既要有反映总量的指标,也要有反映人均水平和结构水平的指标。

可操作性。指标体系的建立不仅是理论问题,更是实践应用的问题,这就要求指标的选择尽可能利用现有的统计指标,尽量选用符合国家规范,以及数据易采集、可量化、能对比、常规化的指标。本文评价指标体系所有数据均来自《中国高技术产业统计年鉴2011—2015》。

代表性。所选指标要具有代表性,坚持少而精的原则,尽量选择能代表某一方面特征的指标。反映总体水平尽量选择总量指标,反映发展质量和结构水平尽量选择均量指标和结构性指标。

层次性。综合竞争力反映的是多层次上的竞争水平,因此评价指标体系可分解为若干层次结构,各评价指标表达了不同层次指标的从属关系和相互作用。越往上,指标越综合;越往下,指标越具体。上层指标是下层指标的综合,指导下层指标的建立;下层指标是上层指标的分解,从而构成一个有序、系统的层次结构。

（2）综合评价指标体系

根据以上原则，利用《中国高技术产业统计年鉴（2011—2015）》提供的原始数据，从中选取了34个指标作为评价的基础数据指标。最终建立了由15个指标组成的综合评价指标体系，如表1所示。综合竞争力指数下设产业规模指数、出口指数、经济效益指数、创新投入指数、创新产出指数五个分指数，每个分指数由2—4个三级指标合成而成。其中：资产利税率、人均主营业务收入、人均利润、“四项科技经费支出”四个指标为合成指标，具体计算公式分别为：资产利税率＝利税/资产总计。人均主营业务收入＝主营业务收入/从业人员平均人数。人均利润＝利润总额/从业人员平均人数。四项科技经费支出＝引进技术经费支出＋消化吸收经费支出＋购买国内技术经费支出＋技术改造经费支出。

表1　高技术产业综合竞争力评价指标体系

一级指标	二级指标	三级指标
综合竞争力指数	1. 产业规模指数	（1）主营业务收入
		（2）从业人员平均人数
	2. 出口指数	（3）出口交货值
		（4）新产品出口
	3. 经济效益指数	（5）资产利税率
		（6）人均主营业务收入
		（7）人均利润
综合竞争力指数	4. 创新投入指数	（8）R&D经费内部支出
		（9）四项科技经费支出
		（10）新产品开发经费支出
		（11）R&D人员
	5. 创新产出指数	（12）专利申请数
		（13）发明专利申请
		（14）有效发明专利
		（15）新产品销售收入

2. 数据处理流程及指数计算方法

首先，建立基础分析数据库。从《中国高技术统计年鉴（2011—2015）》中选取了全国 31 个省市高技术产业总体及医药制造业、航空航天器及设备制造业、电子及通信设备制造业、计算机及办公设备制造业、医疗仪器设备及仪器仪表制造业五大细分产业的 34 个指标，建立基础分析数据库。其次，按照评价指标体系 15 个三级指标，建立评价分析数据库，剔除数据不齐全的样本。再次，利用极值法对所有数据进行无量纲化处理，得到各指标得分，计算公式为：$y_{ij}=\frac{x_{ij}-x_{i\min}}{x_{i\max}-x_{i\min}}*100$，设 i 为第 i 项指标；j 表示第 j 个地区；即 x_{ij} 表示第 i 指标获取值，y_{ij} 表示 i 指标 j 地区的指数值；$x_{i\max}$ 表示该指标的最大值；$x_{i\min}$ 表示该指标的最小值。最后，采用等权法综合计算各二级指标指数和一级指标指数。

三、指数结果分析

1. 总体看，江苏高技术产业综合竞争力指数位居全国第二位，仅次于广东

2014 年，江苏高技术产业综合竞争力指数得分 82.9，仅次于广东（92.3），居全国第二位。从各分指数来看，除经济效益指数（80.4）低于山东（94.3）和北京（85.3）外，其余四个指数（产业规模指数、出口指数、创新投入指数和创新产出指数）均居国第二位，说明江苏高技术产业发展整体比较均衡，综合实力较为雄厚。

表 2　2014 年苏、粤、京、沪、浙、鲁高技术产业综合竞争力指数排名

地区	产业规模指数		出口指数		经济效益指数		创新投入指数		创新产出指数		综合竞争力指数	
	得分	排名	得分	排名	得分	排名	得分	排名	得分	排名	得分	排名
广东	100.0	1	100.0	1	68.5	18	92.9	1	100.0	1	92.3	1
江苏	89.8	2	85.8	2	80.4	8	82.4	2	76.2	2	82.9	2
山东	70.2	3	63.4	8	94.3	1	70.2	3	65.6	5	72.7	3
北京	63.8	9	62.5	9	85.3	5	64.9	7	66.1	4	68.5	5
浙江	66.3	6	63.6	7	73.4	12	69.9	4	66.2	3	67.9	6
上海	67.3	4	66.4	4	72.8	15	65.8	5	64.8	6	67.4	7

2. 分产业看，江苏医疗仪器设备及仪器仪表制造业综合竞争力指数全国第一，其他四大产业均居全国第二

2014 年，在高技术产业的五大细分产业中，江苏医疗仪器设备及仪器仪表制造业综合竞争力指数得分 97.9，居全国第一位，遥遥领先于广东(76.4)、山东(71.5)、浙江(73.8)、北京(69.4)、上海(69.4)。而且，江苏医疗仪器设备及仪器仪表制造业在五项分指数(产业规模指数、出口指数、经济效益指数、创新投入指数和创新产出指数)上的得分均高于广东、山东、浙江、北京、上海，具有绝对的优势。江苏医药制造业综合竞争力指数得分 93.4，略低于山东(95.9)，居全国第二位。江苏航空航天器及设备制造业综合竞争力指数得分 78.3，低于辽宁(82.7)，居全国第二位。江苏电子及通信设备制造业综合竞争力指数得分 75.5，低于广东(92.5)，居全国第二位。江苏计算机及办公设备制造业综合竞争力指数得分 80.6，低于广东(89.7)，居全国第二位。

表 3　2014 年苏、粤、京、沪、浙、鲁五大高技术产业综合竞争力排名及指数

地区	医药制造业		航空航天器及设备制造业		电子及通信设备制造业		计算机及办公设备制造业		医疗仪器设备及仪器仪表制造业	
	得分	排名	得分	排名	得分	排名	得分	排名	得分	排名
北京	70.0	9	74.9	4	64.7	10	69.4	4	69.4	5
上海	69.6	10	71.5	7	64.2	11	68.5	5	69.4	6
江苏	93.4	2	78.3	2	75.5	2	80.6	2	97.9	1
浙江	82.3	3	62.2	16	66.5	6	62.4	14	73.8	3
山东	95.9	1	65.0	14	67.0	4	71.6	3	71.5	4
广东	77.3	4	77.6	3	92.5	1	89.7	1	76.4	2

3. 从创新水平看，江苏高技术产业创新投入指数和创新产出指数均居全国第二位，仅次于广东

2014 年，江苏高技术产业创新投入指数 82.4，居全国第二位，仅次于广东(92.9)，创新产出指数 76.2，居全国第二位，仅次于广东(100)。但江苏 2014 年创新投入指数低于江苏 2013 年(83.1)和 2012 年(82.7)创新投入指数，说明江苏高技术产业创新投入水平略有下降。从细分产业看，2014 年江苏医药制造业创新投入指数 96.5，居全国第二位，仅次于山东(100)，创新产出指数 97.1，居全国第二位，仅次于山东(98.1)。2014 年江苏航空航天器及设备制造业创新投入指数 66.5，低于辽宁(95.6)北京(82.7)、上海(82)，创新产出指数 71.9，低于辽宁(97.5)、广东(83.2)、北京(80.3)。2014 年江苏电子及通信设备制造业创新投入指数 77，低于广东(93.9)，居全国第二；创新产出指数 69.4，低于广东(100)，居全国第二。2014 年江苏计算机办公设备制造业创新投入指数 75.5，低于广东(92)和山东(78.5)，居全国第三；创新产出指数 74.1，低于广东(97)和北京(80.9)，居全国第三。2014 年江苏医疗仪器设备及仪器仪表制造业创新投入指数 95.4，创新产出指数 100，均居全国第一位。

表 4　2014 年苏、粤、京、沪、浙、鲁五大高技术产业创新投入指数及排名

地区	医药制造业		航空航天器及设备制造业		电子及通信设备制造业		计算机及办公设备制造业		医疗仪器设备及仪器仪表制造业	
	得分	排名	得分	排名	得分	排名	得分	排名	得分	排名
北京	68.6	8	82.7	2	62.2	9	67.2	5	68.8	4
上海	68.1	9	82.0	3	64.5	5	62.2	7	66.9	6
江苏	96.5	2	66.5	6	77.0	2	75.5	3	95.4	1
浙江	83.1	3	60.4	14	67.3	3	61.4	9	74.2	2
山东	100.0	1	61.8	12	64.4	6	78.5	2	68.3	5
广东	79.5	4	63.6	11	93.9	1	92.0	1	72.3	3

表 5　2014 年苏、粤、京、沪、浙、鲁五大高技术产业创新产出指数及排名

地区	医药制造业		航空航天器及设备制造业		电子及通信设备制造业		计算机及办公设备制造业		医疗仪器设备及仪器仪表制造业	
	得分	排名	得分	排名	得分	排名	得分	排名	得分	排名
北京	70.3	10	80.3	3	63.6	5	80.9	2	66.4	4
上海	71.6	8	69.1	11	64.4	4	61.9	6	64.4	6
江苏	97.1	2	71.9	8	69.4	2	74.1	3	100.0	1
浙江	80.2	5	60.5	14	64.8	3	61.0	9	72.2	3
山东	98.1	1	61.9	13	62.5	7	70.6	4	66.3	5
广东	86.0	4	83.2	2	100.0	1	97.0	1	77.4	2

4. 从经济效益看，江苏高技术产业经济效益指数呈现稳步提升态势，但仍落后于全国不少地区

2010—2014 年，江苏高技术产业经济效益指数分别为 69.2、71.4、75.1、78.4、80.4，呈现稳步上升的态势。但与全国比较，低于山东(94.3)、天津

(90.9)、内蒙古(90.3)、吉林(86.6)、北京(85.3)、江西(81.9)等地区。从细分产业看,2014 年江苏医药制造业和医疗仪器设备及仪器仪表制造业经济效益指数居全国第一位,2014 年江苏医药制造业经济效益指数 98.4,高于山东(96)、北京(83.9)、上海(78.5)、广东(78.2)、浙江(73.4);2014 年江苏医疗仪器设备及仪器仪表制造业经济效益指数 93.9,高于山东(87.6)、北京(82.8)、上海(82.3)、广东(72.4)、浙江(72.3)。

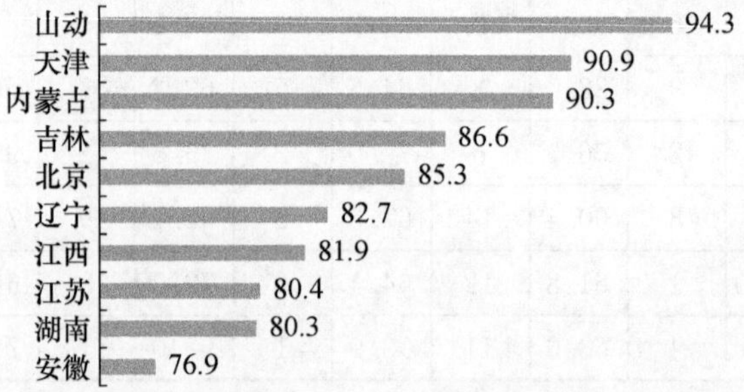

图 1　2014 年全国高技术产业经济效益指数前 10 名

表 6　苏、粤、京、沪、浙、鲁五大高技术产业经济效益指数排名

地区	医药制造业		航空航天器及设备制造业		电子及通信设备制造业		计算机及办公设备制造业		医疗仪器设备及仪器仪表制造业	
	得分	排名	得分	排名	得分	排名	得分	排名	得分	排名
北京	83.9	6	68.1	10	71.7	9	75.4	4	82.8	7
上海	78.5	9	68.1	9	64.1	17	69.8	14	82.3	9
江苏	98.4	1	78.6	4	70.6	12	74.0	6	93.9	1
浙江	73.4	14	69.0	8	72.2	7	68.0	16	72.3	16
山东	96.0	2	77.1	5	78.7	3	81.4	2	87.6	5
广东	78.2	10	81.1	3	68.4	15	68.2	15	72.4	14

5. 从发展态势看,江苏高技术产业综合竞争力指数呈稳步提升态势,但出口指数出现下滑的迹象

从江苏高技术产业 2010—2014 五年的综合竞争力指数看,呈现稳步上升的态势,分别为 72.9、77.4、80.8、81.4、82.9。但从出口指数看,2012 年江

苏高技术产业出口指数为 87.1，2013 年为 83.8，2014 年为 85.8，连续两年低于 2012 年的水平。从细分产业看，航空航天器及设备制造业、电子及通信设备制造业、医疗仪器设备及仪器仪表制造业出口仍呈增长态势，2014 年出口指数处于近五年最高水平。但 2014 年江苏医药制造业出口指数(82.2)，低于 2013 年的83.3。2014 年江苏计算机及办公设备制造业出口指数为 93.4，低于 2013 年(93.7)和 2012 年(99.9)。

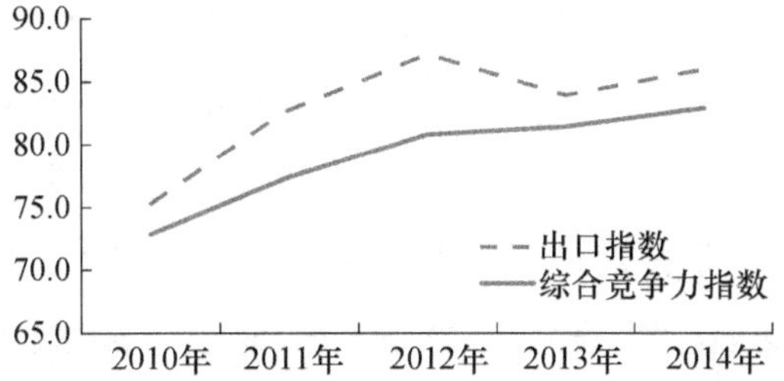

图 2　2010—2014 年江苏高技术产业综合竞争力指数和出口指数变化图

四、进一步提升江苏高技术产业综合竞争力的对策建议

1. 确保科技投入稳步增长，保持科技创新竞争优势

以上分析显示，江苏高技术产业创新投入指数 2014 年较 2013 年有下降之势。同时《中国区域创新能力报告 2015》显示，江苏规模以上工业企业研发活动经费内部支出占销售收入的比例为 0.94%，低于广东(1.19)、上海(1.17)、北京(1.14)，说明江苏企业研发投入强度并不高。为确保江苏高技术产业科技投入稳步增长，可考虑以立法的形式，确保省、市、县及各高新技术产业开发区财政科技支出增长率高于财政收入增长率；进一步落实高企研发投入加计扣除税收优惠政策，扩大科技创新券试点范围，引导企业加大 R&D 投入。面向前瞻性战略性产业发展，加强对前瞻性产业技术的研发支持，特别要加强对具有研发突破潜质的企业的支持，支持企业建设高水平研发机构。加大对高层次创新创业人才的引进力度，充分利用好各类人才计划，特别要解决好高层次人才子女上学、企业融资等实际问题，为人才扎根

江苏解除后顾之忧。

2. 重视人力资本提升和专业化服务，切实提升产业发展效益

以上分析显示，江苏产业发展效益指数相对其他指数处于较低水平，产业发展效益指数由资产利税率、人均利润、人均主营业务收入三个指标合成，反映的是企业的效率和效益，提高产业发展效益可借鉴美国经验，就是不断提高工人的技能和水平。对江苏而言，应加强职业技术教育，培育一大批高技能产业工人，为当地产业发展服务。同时，建议在有条件的高新区创建园区大学，加强对园区内产业工人的教育和培训，开发网络培训课程，使产业工人能通过各种途径迅速掌握本行业所需技能。另一方面，发展各类中介服务机构，为企业特别是中小型企业提供技术创新、技术评估、技术经纪、经营管理、市场营销及信息、人才、财务、金融、法律服务，提高产业发展的专业化水平。

3. 提高创新国际化水平，进一步提升高技术产品国际竞争力

以上分析显示，江苏高技术产业出口出现了下滑的迹象。近年来，受产业结构、外需市场疲软等多种因素的影响，出口出现了增长乏力的现象。扩大出口的根本在于提升产品的国际竞争力。首先，要通过各种手段引导企业从加工贴牌生产向自主研发、自创品牌的方向发展，逐渐从浅加工、低技术含量、低附加值加工贸易推进到深加工、高技术含量、高附加值加工贸易，在创新技术的同时，发展具备自主知识产权和自有品牌的贸易出口。其次，重点培育一批有经济实力、在国际市场占有一定份额，并能与外国跨国公司相抗衡的世界水平跨国公司，发挥跨国公司在国际竞争中的领头羊作用。再次，引导中小企业树立全球化发展理念，培育一批具有国际化经营能力的超强中小企业，促进中小企业向专业化和国际化方向发展，提高企业国际竞争力。

附录二:江苏省国家高新区国内对比分析

摘要:本文依据科技部发布的《国家重点园区创新监测报告 2014》,将江苏 11 家国家级高新区与中关村、成都、张江、深圳、武汉、西安 6 家科技部认定试点的世界一流高科技园区进行对比分析,主要结论为:江苏国家高新区企业数量众多,单体规模较小;高新技术产业贡献突出,整体创新实力不强;研发机构数量较多,创新服务机构偏少;国际化程度较高,技术输出能力不足。建议今后从三个方面进行突破:一是培育旗舰型创新企业,引领创新驱动发展;二是培育创新服务机构,完善创新生态系统;三是培育开放创新新特色,发挥开放创新新优势。

关键词:江苏省;国家级高新区;世界一流高科技园区;对标分析

国家级高新区是创新驱动发展的重要载体,是高新技术产业参与国际竞争的重要平台,是体现区域创新能力的重要标志。截至目前,江苏省共有国家高新区 18 家,数量居全国第一,但从发展质态来看,江苏省国家级高新区与世界一流高科技园区尚有一定差距。2016 年 7 月,省政府召开全省高新区对标找差工作会议,要求各高新区加快打造产业科技创新中心的策源地和推进供给侧结构性改革的示范区,努力实现“转型升级提速、创新发展争先、整体排名进位”。为此,本文依据科技部 2015 年发布的《国家重点园区创新监测报告 2014》,将江苏 11 家国家级高新区与中关村、成都、张江、深圳、武汉、西安 6 家科技部认定试点的世界一流高科技园区进行详细对比,来分析江苏国家级高新区与国内一流高新区存在的主要差距。

一、江苏国家高新区整体情况

截至 2017 年 2 月，江苏国家级高新区达到 18 家，数量占全国的 11.5%，实现了 13 个地级市全覆盖。国家科技部对国家级高新区实行分类指导，分为创建“世界一流高科技园区”试点、创建“创新型科技园区”试点、创建“创新型特色园区”试点。其中世界一流高科技园区 6 家，分别是北京中关村、成都、上海张江、深圳、武汉、西安。创新型科技园区共 21＋1 家，江苏有 4 家入选（占全国数量的 18.2%），分别是常州高新区、苏州高新区、苏州工业园、无锡高新区。创新型特色园区共 22 家，江苏有 4 家入选（占全国数量的 18.2%），分别是南京江宁高新区、江阴高新区、无锡宜兴环保园、武进高新区。江苏国家级高新区的整体实力位居全国前列，根据科技部发布的《国家高新区创新能力评价报告 2016》，2015 年，园区生产总值超过1 000 亿元的国家级高新区共 17 家，排在第一的是中关村（8 452 亿元），江苏有 6 家，分别是南京高新区（2 404 亿元，第 6）、苏州工业园（2 060 亿元，第 7）、无锡高新区（1 303 亿元，第 12）、常州高新区（1 050 亿元，第 16）、苏州高新区（1 006 亿元，第 17）。

二、江苏国家级高新区国内对比分析

本文主要依据《国家重点园区创新监测报告 2014》，将江苏 11 家国家级高新区（南京、常州、无锡、苏州、泰州、昆山、江阴、武进、徐州、南通、苏州工业园）与全国 6 家世界一流高科技园区（北京中关村、成都、上海张江、深圳、武汉、西安）进行对比分析，发现江苏国家级高新区发展具有如下特点：

1. 企业数量众多，单体规模较小

从企业数量看，江苏 11 家国家级高新区企业数总和达到全国 6 家世界一流高科技园区的 81.8%，从企业平均规模看，户均营业收入仅为全国 6 家世界一流高科技园区的 43.9%。2013 年，江苏 11 家国家级高新区注册企业 11.51 万家，占全国 6 家世界一流高科技园区（14.08 万家）的 81.78%；江苏

11 家国家级高新区内注册企业户均营业收入 2 011 万元，平均规模不到全国 6 家世界一流高科技园区(4 579 万元)的一半。

从园区规模来看，江苏 11 家国家级高新区营业收入总和仅相当于中关村的 3/4、全国 6 家世界一流高科技园区营业收入的 35.7%，每家园区平均营业收入不到全国 6 家世界一流高科技园区平均值的 1/5。2013 年，江苏 11 家国家级高新区营业收入总和 23 157.22 亿元，仅相当于中关村(30 497.43 亿元)的 3/4、全国 6 家世界一流高科技园区(64 476.54 亿元)的 35.7%。全国 6 家世界一流高科技园区中，营业总收入最高的是中关村(30 497.43 亿元)，最低的是深圳(4 656.04 亿元)。江苏 11 家国家级高新区中，营业总收入最高的是南京高新区(4 310.88 亿元)，其次是苏州工业园(4 104.83 亿元)。2013 年，江苏 11 家国家级高新区平均营业收入2 015.2 亿元，不到全国 6 家世界一流高科技园区的平均值(10 746.09 亿元)的 1/5。

表 1　江苏 11 家和全国 6 家高新区规模情况比较

地区	工商注册企业数(家)	平均工商注册企业数(家)	营业总收入(亿元)	企业户均营业收入(亿元)
江苏 11 家	115 153	16 493	23 157.2	2 015.2
全国 6 家	140 800	21 463	64 476.5	10 746.1
江苏 11 家/全国 6 家	81.8%	44.6%	35.9%	19.6%

注：江苏 11 家即南京、常州、无锡、苏州、泰州、昆山、江阴、武进、徐州、南通、苏州工业园 11 家国家级高新区。全国 6 家即北京中关村、成都、上海张江、深圳、武汉、西安 6 家世界一流高科技园区，以下同。

2. 高新技术产业贡献突出，整体创新实力不强

从高新技术产业对园区的贡献看，江苏 11 家国家级高新区高新技术产业总收入占营业收入比重高于全国 6 家世界一流高科技园区 17.6 个百分点。2013 年，江苏 11 家国家级高新区高新技术产业总收入占营业收入比重 39.5%，高于全国 6 家世界一流高科技园区(21.9%)17.6 个百分点。全国 6 家世界一流高科技园区中，深圳高新区高新技术产业总收入占营业收入比重最高(67.62%),除成都(45.2%)外,其余四家均在40%以下。而江苏11家国家级高新区中,占比在40%以上的有7家,分别是苏州(54.11%)、泰州(50.2%)、苏州工业园(47.68%)、昆山(47.53%)、南京(46.73%)、武进(45.18%)、无锡(43.39%)。

从创新投入看,江苏11家国家级高新区平均每家R&D经费内部支出仅为全国6家世界一流高科技园区的14.5%,平均每家R&D人员全时当量仅为全国6家世界一流高科技园的22.1%,高新区财政科技拨款占财政支出比重比全国6家世界一流高科技园低20个百分点。2013年,江苏11家国家级高新区R&D经费内部支出总共345.9亿元,占全国6家世界一流高科技园区(1 300.3亿元)的26.06%,平均每家R&D经费内部支出31.4亿元,占全国6家世界一流高科技园区(216.7亿元)的14.5%;R&D人员全时当量总共14.9万人年,占全国6家世界一流高科技园区(36.6万人年)的40.6%,平均每家R&D人员全时当量1.4万人年,占全国6家世界一流高科技园区(6.1万人年)的22.1%。江苏11家国家级高新区财政科技拨款占财政支出比重为7.6%,比全国6家世界一流高科技园区(27.3%)低20个百分点。R&D经费内部支出占营业收入比重1.5%,比全国6家世界一流高科技园区(2.0%)低0.5个百分点。

表2 江苏11家和全国6家高新区创新投入比较

地区	R&D经费内部支出(亿元)	平均每家R&D经费内部支出(亿元)	R&D人员全时当量(万人年)	平均每家R&D人员全时当量(万人年)	财政科技拨款占财政支出比重(%)	R&D经费内部支出占营业收入比重(%)
江苏11家	345.9	31.4	14.9	1.4	7.6	1.5
全国6家	1300.3	216.7	36.6	6.1	27.3	2.0
江苏11家/全国6家	26.6%	14.5%	40.6%	22.1%	—	—

从创新的产出看,江苏11家国家级高新区形成国家或行业以及参与制定国际标准数量、拥有重要知识产权数量、拥有欧美日专利以及境外注册商标数量分别占全国6家世界一流高科技园的24.1%、27.6%、21.7%。国家

级高新区的授权发明专利占授权专利的比重低于全国 20 多个省份。2013 年江苏 11 家国家级高新区形成国家或行业以及参与制定国际标准数量 1014 件、拥有重要知识产权数量104 417 件、拥有欧美日专利以及境外注册商标数量 3677 件，分别占全国 6 家世界一流高科技园区的 24.1%、27.6%、21.7%。根据科技部火炬高技术产业开发中心《国家高新区创新能力评价报告 2016》，2015 年全国 30 个有国家级高新区的省份中，省内国家高新区的授权发明专利占授权专利的比重超过 40%的有 7 个省份，占比超过 30%的有 20 个省份，占比超过 20%的有 28 个省份，江苏占比 26.7%。

表 3 江苏 11 家和全国 6 家高新区创新产出比较

地区	形成国家或行业以及参与制定国际标准数量(件)	拥有重要知识产权数量(件)	拥有欧美日专利以及境外注册商标数量(件)
江苏 11 家	1 014	104 417	3 677
全国 6 家	4 201	377 763	16 939
江苏 11 家/全国 6 家	24.1%	27.6%	21.7%

3. 研发机构数量较多，创新服务机构偏少

从研发和创新服务机构看，江苏 11 家国家级高新区研发机构数量占全国 6 家世界一流高科技园区的比重接近 90%，但创新服务机构仅占 30%左右。江苏高新区服务业态比重明显偏低，高技术服务从业人员不到全国 6 家世界一流高科技园区的1/16，技术合同成交额不到全国 6 家世界一流高科技园区的 1/14。2013 年，江苏 11 家国家级高新区拥有研发机构 2 113 家，接近全国 6 家世界一流高科技园区(2 366 家)的 90%。共有创新服务机构 203 家，仅占全国 6 家世界一流高科技园区(651 家)的 31.2%。全国 6 家世界一流高科技园区平均拥有创新服务机构 109 家，将近江苏(18 家)的 6 倍。江苏 11 家国家级高新区高技术服务从业人员 8.98 万人，仅占全国 6 家世界一流高科技园区高技术服务从业人员(136.1 万人)的6.1%。高技术服务从业人员占从业人员比重 4.8%，远低于全国 6 家世界一流高科技园区的 33.6%。高新区技术合同成交额 88.76 亿元，仅占全国 6 家世界一流高科技园区技术合同成交额(1 284.92 亿元)的 6.9%。

表 4　2013 年江苏 11 家和全国 6 家高新区创新生态比较

地区	研发机构(家)	创新服务机构(家)	高技术服务从业人员(万人)	高技术服务从业人员占从业人员比重(%)	技术合同成交额(亿元)
江苏 11 家	2 113	203	8.98	4.8	88.8
全国 6 家	2 366	651	136.1	33.6	1 284.9
江苏 11 家/全国 6 家	89.3%	31.2%	6.1%	—	6.9%

4. 国际化程度较高,技术输出能力不足

从创新国际化指标来看,江苏国家级高新区略优于全国 6 家世界一流高科技园区,但技术输出能力明显不足。江苏 11 家国家级高新区出口总额与全国 6 家世界一流高科技园区几乎相当,出口总额占营业收入比重高出全国 6 家世界一流高科技园区近 3 个百分点,外籍常驻人员占从业人员比重高出全国 6 家世界一流高科技园 0.4 个百分点,境外技术研发机构占研发机构比重也高于全国 6 家世界一流高科技园区,但技术服务出口总额占出口额比重低于全国 6 家世界一流高科技园区 10 个百分点。2013 年,江苏 11 家国家级高新区出口总额 1 086.4 亿元,与全国 6 家世界一流高科技园区(1 165.9 亿元)几乎相当;出口总额占营业收入比重4.7%,高于全国 6 家世界一流高科技园(1.8%)近 3 个百分点;外籍常驻人员占从业人员比重 0.9%,高于全国 6 家世界一流高科技园区(0.5%)0.4 个百分点,其中苏州工业园 3.45%,而全国 6 家世界一流高科技园区均低于 1%。江苏 11 家国家级高新区境外技术研发机构占研发机构比重 0.14%,高于全国 6 家世界一流高科技园区(0.09%)。其中苏州工业园境外技术研发机构占研发机构比重 0.51%,高于深圳的 0.36%。但江苏的技术输出能力明显偏弱,江苏 11 家国家级高新区技术服务出口总额占出口额比重仅 0.94%,远低于全国 6 家世界一流高科技园区的 11.4%。

表 5　2013 年江苏 11 家和全国 6 家高新区创新国际化比较

地区	出口总额（亿元）	出口总额占营业收入比重(%)	境外技术研发机构占研发机构比重(%)	技术服务出口总额占出口额比重(%)
江苏 11 家	1 086.4	4.7	0.14	0.94
全国 6 家	1 165.9	1.8	0.09	11.4
江苏 11 家/全国 6 家	93.2%	—	—	—

三、关于促进江苏国家高新区战略提升的对策建议

1. 培育旗舰型创新企业，引领创新驱动发展

旗舰型创新企业对一个园区甚至区域的创新发展起到重要的支撑和引领作用。2016 年华为研发投入 630 亿元，约相当于江苏全社会研发投入的 1/3。阿里巴巴、百度、腾讯 2016 年研发投入都在 100 亿元以上。这些舰型创新企业的研发投入能带动整个区域创新能力整体提升。相比较世界一流高科技园区，江苏国家级高新区缺乏旗舰型创新企业的引领，在互联网已经广泛渗入社会经济的各个领域的背景下，未来的旗舰型创新企业多为平台型生态型企业，因此在新一轮科技革命和产业变革的背景下，江苏高新区应着力培育平台型生态型企业。一是支持龙头企业建设研发平台，提升研发创新能力。大力支持高新区内企业建设、布局工程技术研发中心、工程实验室、国家重点实验室、国家地区联合创新平台、制造业创新中心等。二是推动制造业龙头企业向平台企业转型。支持制造企业搭建网络化协同创新平台，推动制造资源、生产能力的集成整合、在线分享和优化配置，实现多地区、多用户、多任务并行协同，推动企业资源优化的边界从内部走向全产业链，有效促进跨企业业务系统的互联、互通、互操作，带动产品、模式和业态创新。三是支持龙头企业构建"双创"平台。在总结先声药业"百家汇"新药孵化平台的经验基础上，学习海尔 Hope 平台、美的 MOIS 平台、飞天众智平台，支持更多的创新型企业搭建"双创"平台，集聚、整合、共享全球范围内创

新创业资源，面向行业和全社会提供行业咨询、共性技术、成果转化、创业孵化、融资租赁、教育培训等服务，探索从创意到技术、从技术到产品和从产品到产业的多级孵化模式，构建大中小企业协同共进的产业创新体系。

2. 培育创新服务机构，完善创新生态系统

创新服务机构能够有效整合创新资源，降低创新成本，提高创新效率，是创新生态系统中不可或缺的组成部分，硅谷以完善的创新服务体系著称于世。在新的发展起点上，江苏高新区应充分发挥市场机制的作用，大力培育创新服务机构，完善创新生态系统。一是大力培育一批科技中介机构。引导各地高新区在创新核心区内集聚一批研发设计、技术转移、生产力促进中心、知识产权服务、管理咨询、专业技术服务、分析测试、检验检测、人才培养机构、法律会计等中介服务机构，为企业创新提供全方位的专业服务。二是大力发展科技金融。积极培育科技金融示范区，加强体制机制创新，完善创业投资引导、科技保险、科技担保等风险分担机制，形成科技信贷、天使投资、创业投资、科技保险、融资租赁等多层次资本市场的创业金融支持体系。三是大力推进科技创业服务。完善科技创业支持政策体系，推进创业主体大众化、孵化主体多元化、创业服务专业化、创业资源国际化、建设运营市场化、创业模式多样化。推动科技企业孵化网络建设，构建涵盖研发试验、科技金融、技术转移、创业导师等要素的全方位、多层次的孵化服务网络。

3. 培育开放创新新特色，发挥开放创新新优势

在新一轮科技革命和产业变革提速的驱动下，各种创新要素和资源在不断扩大的全球范围内加速流动，各国创新体系的开放度不断提高，全球化已步入 3.0 时代。江苏高新区的开放创新走在全国前列，如何进一步发挥开放创新优势，形成开放创新新特色是江苏在新的历史时期应着重关注探索的课题。应加快汇聚国际高端创新资源，通过“引进来”与“走出去”双向互动，充分发挥政府、企业、社会机构三方协同优势，聚焦技术、人才、市场三个关键要素，着力促进园区企业国际化发展，成为全球创新网络的重要节点。一是促进研发机构的国际化，提升本土制造业在全球价值链中的地位。大力促进开放型研发机构的设立和集聚，聚焦于国际前沿研究项目，构建全球化的生产和创新网络，融入全球技术和商业网络，力争占据某些新兴产业的高端。二是促进本土企业的国际化，提升本土企业的国际化创新能力。鼓励本土企业加快建立海外研发中心，加强与国际科研机构的合作研发，按照国际规则并购、合资、参股国外创新型企业和研发机构，提高海外知识产权运营能力。鼓励本土企业参与全球标准制定。三是促进创新服务机构的国际化，提升利用全球创新资源的能力。引导和支持孵化器聚集国际资源，提升孵化器吸纳全球高端创业项目和团队的能力。鼓励企业在海外设立孵化器，吸引海外原创技术和项目入孵。设立海外孵化种子引导基金，吸引国际孵化器入驻，引进国际高端技术和项目。加快建设国际化第三方专业服务平台，构建支撑企业国际化发展的科技服务体系。吸引国际创新服务机构入驻，为本土企业提供科技咨询、科技评估、知识产权保护、国际专利申请、国际技术转移、国际标准检测认证以及境外的法律、财务、税收咨询等服务。

附录三：中共江苏省委　江苏省人民政府关于加快企业为主体市场为导向产学研相结合技术创新体系建设的意见

苏发〔2012〕17 号

去年以来，我省各地各有关部门和单位按照《中共江苏省委、江苏省人民政府关于实施创新驱动战略推进科技创新工程加快建设创新型省份的意见》（苏发〔2011〕10 号）的要求，着力推进科技创新工程，建设创新型省份各项工作全面展开，取得了良好成效。为进一步推动企业成为技术创新主体，显著提升企业创新能力，促进科技与经济更紧密结合，根据《中共中央、国务院关于深化科技体制改革加快国家创新体系建设的意见》（中发〔2012〕6 号）精神，结合我省实际，提出如下意见。

一、充分认识加快技术创新体系建设的重要性紧迫性

科学技术是第一生产力，科技创新是经济社会持久繁荣的不竭动力。党中央、国务院从全局和战略的高度，强调把创新驱动发展作为面向未来的一项重大战略，把科技摆在优先发展的战略位置，把科技创新作为经济发展的内生动力，深化科技体制改革，加快国家创新体系建设，推动科技实力、经济实力、综合国力实现新的重大跨越。江苏正处于全面建设更高水平小康社会、奋力开启基本实现现代化新征程的关键时期，迫切需要进一步改革完

善科技体制，深入实施创新驱动核心战略，加快创新型省份建设，充分发挥科技的支撑引领作用。深化科技体制改革的中心任务，是解决科技与经济相结合的问题，推动企业成为技术创新主体，增强企业创新能力。企业是科技与经济结合的战略支点，企业强则国家强。只有确立企业技术创新主体地位，才能准确把握创新方向，有效整合产学研力量，使各类创新主体各得其所、各展其长，从整体上提高自主创新能力。近年来，全省上下认真贯彻中央和省的决策部署，大力推动创新要素向企业集聚，加强产学研协同创新，促进企业创新发展、加快发展。同时也要清醒地看到，我省企业技术创新主体地位尚未真正确立，创新能力比较薄弱，研发投入偏低，高层次人才不足，拥有的自主知识产权和自主品牌产品不够多，尤其缺乏具有国际竞争力、引领产业发展的创新型领军企业。各地各有关部门和单位在深化科技体制改革的过程中，要把增强企业创新能力作为事关长远发展的基础性、全局性、战略性重大任务，加快建立以企业为主体、市场为导向、产学研相结合的技术创新体系，推动我省科技和产业发展实现新突破，为又好又快推进"两个率先"提供强大支撑和动力。

二、明确指导思想和主要目标

（一）指导思想。以邓小平理论和"三个代表"重要思想为指导，深入贯彻落实科学发展观，大力实施创新驱动战略，全面推进科技创新工程，以增强企业创新能力为核心，以促进科技与经济紧密结合为重点，进一步深化科技体制改革，着力解决制约企业创新的突出问题，优化企业创新发展环境，建立企业主导产业技术研发创新的体制机制，充分发挥企业在技术创新决策、研发投入、科研组织和成果转化中的主体作用，加快构建以企业为主体、市场为导向、产学研相结合的技术创新体系，努力开创具有江苏特色的创新驱动发展新局面。

（二）主要目标。到 2015 年，培育以万家高新技术企业为主体的创新型企业集群。大中型工业企业和规模以上高新技术企业普遍建有研发机构。

大中型工业企业平均研发投入占主营业务收入比例提高到1.5%，行业领军企业研发投入占主营业务收入的比例与国际同类先进企业基本相当。企业研发人员数量年均增长 20%以上，自主品牌企业增加值占地区生产总值比重达 11%，万人有效发明专利拥有量达 8 件。到 2020 年，建立起企业主导技术创新的体制机制，建成比较完善的技术创新体系，大幅度提升企业创新能力，培育一批创新能力、规模与品牌位居世界前列的创新型领军企业。

三、切实把增强企业创新能力作为事关全局、事关长远的重要任务

（三）大力培育创新型企业。加快推进创新型领军企业（智慧百企）培育工作，支持其开放配置全球创新资源，突破关键核心技术，牵头组建产业技术创新联盟和企业科技园。实施科技企业上市培育计划，鼓励支持诚信规范、成长性好的科技企业上市融资，引导其与多层次资本市场有效对接、做优做强。加强高新技术企业培育，简化认定流程，加大认定力度。进一步提升科技企业孵化器等创业平台服务功能，鼓励高校院所科技人员创办科技型企业，大力扶持小、微科技企业成长发展。推动企业开展商业模式创新，建立适合自身发展的先进运营管理机制。到“十二五”末，培育形成由百家创新型领军企业、千家科技型拟上市企业、万家高新技术企业组成的创新型企业集群。

（四）支持企业建设高水平研发机构。推动大中型工业企业、规模以上高新技术企业全面建设研发机构，着力提升企业研发机构发展水平和支撑企业转型升级的能力。探索在龙头骨干企业建设省级企业重点实验室，组织有实力的企业创建国家级重点实验室、工程实验室、工程技术类研究中心、企业技术中心。鼓励企业联合高校院所共建研发机构。加快建设企业研究院，开展前沿先导技术研发和重大战略产品开发。建立政府层面的统筹协调机构，完善企业研发机构建设的支持政策和推进措施，建立健全统一的企业研发机构建设发展评价体系。

（五）建立企业主导的引才用才机制。高度重视科技企业家队伍建设，将其摆在与党政人才培养同等重要位置，纳入人才工作考核评价体系。整合各类人才计划和资金，探索市场化运作机制，支持企业建设人才引进平台，集聚海内外高端人才和创新团队，推动企业成为选才、引才、用才的主体。设立“企业创新岗”，鼓励省内外高校院所高层次人才到企业任职或兼职。继续选聘优秀科技企业家到高校担任“产业教授”，积极推行产学研联合培养研究生的“双导师制”。鼓励企业按不低于年销售收入的0.6%设立人才发展专项资金，该资金可计入企业研发费用。对在企业工作的国家和省重点人才计划支持的高层次人才，落实和完善相关税收优惠政策，引导企业建立与国际接轨的薪酬制度。规划建设苏南人才特区，把苏南打造成为创新创业人才高地。

（六）推进企业创新国际化。在省科技成果转化资金中设立海外技术成果转化专项，支持企业开展跨国技术研发合作和转移。鼓励企业设立或并购收购境外研发机构，组建产业创新国际合作联盟。鼓励和支持企业围绕产业升级的高端需求引进核心关键技术，联合高校院所进行消化吸收再创新。支持企业开展商标国际注册，培育知名品牌，实现以品牌经营为主的经营方式转变。实施高端研发机构集聚计划，吸引跨国公司在我省设立全球性或区域性研发中心。加大科技创新政策在外资企业的落实力度，引导外资企业转型发展。启动建设省级国际科技合作示范基地，积极创建国家级国际科技合作基地和国际创新园。

（七）引导金融资源服务科技企业。建设省级科技金融合作示范区，强化对科技企业的金融支持。设立省级天使投资引导资金，稳步扩大资金规模，实行省市联动，引导社会资本加大对初创期科技型小、微企业的支持力度。改革国有创投机构评价方式，建立符合科技风险投资规律的考核管理机制。国有创投机构投资种子期科技企业形成的股权，经同级国资监管部门审批后可通过协议转让方式退出。支持国家级高新区开展国家代办股份转让系统试点。探索开展非上市科技企业产权交易，建设区域性科技金融服务平台和科技金融基础数据库。实行专门的科技信贷管理与考核机制，加快科技支行、科技小额贷款公司和科技保险支公司等科技金融专营机构建设。支持符合条件的中小微企业发行私募债券。

（八）落实和完善支持企业创新的政策措施。把落实科技税收优惠政策作为激励企业增加研发投入的重要手段，并将落实情况纳入省“科技创新工程”考核评价范围。进一步加大高新技术企业税收优惠和企业研发费用税前加计扣除等重点政策落实力度，切实做到应减则减、应免尽免。改进企业研发费用计核方法，合理扩大研发费用加计扣除范围。启动高新技术后备企业（省级高新技术企业）认定工作，对经认定的企业在政府项目安排和政策落实方面予以重点支持。建立健全国有企业技术创新的经营业绩考核制度，落实和完善国有企业研发投入的考核措施。各级国资监管部门要将一定比例的国有资本经营收益用于支持国有企业技术创新。扩大省科技型企业技术创新资金规模和资助范围，强化对小、微企业技术创新的支持。发挥公共财政调控职能和政府采购政策功能，制定完善财政资金采购新技术、新产品政策举措，将重点新技术、新产品优先纳入政府采购目录。对企业重大自主创新项目开辟审批、核准、备案绿色通道。

四、提高技术创新体系整体效能，营造企业创新发展良好环境

（九）提升高校院所创新和服务经济社会发展的能力。加强优势学科、新兴学科和交叉学科建设，培养高水平人才，产出原创性成果。扩大省青年基金和杰出青年基金规模，支持青年科技人员开展基础和原创性研究工作。加大对国家重大科学工程、国家实验室建设的支持力度，研究制定持续支持高水平基础研究工作的措施。支持省部共建高水平大学，增强服务经济社会发展和企业创新的能力与水平。扩大产学研联合创新资金规模，推动企业介入高校院所早期研发活动。鼓励高校院所进入科技园区共建新型研发机构，探索市场化运行管理模式，开展技术研发、企业孵化、人才培养等活

动。鼓励高校院所建立科技人员定期为企业开展科技咨询服务的机制。支持高校院所设立技术转移中心，完善技术转移服务激励机制，加大向苏中苏北地区技术转移和成果转化力度。加强企业研究生工作站和博士后工作站建设，激励研究生和博士后到工作站创新创业。深化公益类科研院所用人和分配制度改革，建立健全现代科研院所制度。探索建立省级产业技术研究院，充分发挥其在产业发展的战略研究和规划组织、产业关键技术的研究攻关和成果转化、中小企业的孵化和服务等方面的重要作用。建立健全科技中介服务体系，鼓励发展民办科技服务机构，对科技服务企业提供的研发和技术服务、信息技术服务等试行营业税改征增值税。加强“科技镇长团”选派工作，进一步推动高校院所科技人员服务基层、园区和企业。

（十）构建支撑产业高端发展的协同创新机制。设立省级协同创新专项计划，引导支持各创新主体加强紧密合作，探索多种形式的协同创新模式，推动知识创新、技术创新和区域创新的紧密融合。进一步优化高新区、县（市、区）和经济强镇的产业布局，加强科技创新创业项目、人才、资金、平台和基地的统筹，构建以提升产业核心竞争力为目标的协同创新机制，努力形成“一区一战略性产业、一县一主导产业、一镇一特色产业”的发展格局。强化省科技成果转化资金目标导向，加大对战略性新兴产业项目的集成支持，力争在物联网、纳米技术、生物药物、医疗器械、高性能材料、大数据处理、未来网络和现代种业等前沿领域取得突破。加快科教结合产业创新基地建设，探索科教协同培育战略性新兴产业的有效途径。加大对农业科技的持续投入力度，推进农业龙头企业研发机构建设，整合农业科技创新资源，探索建立农业科技创新协同机制。深入实施民生科技促进计划，实施民生科技示范工程，着力建设科技社区，显著提升科技对改善民生的推动作用。加强文化科技创新，建设文化与科技融合发展示范区，促进文化产业加快发展。

（十一）统筹优化区域创新布局。规划建设苏南自主创新示范区，加快构建具有国际竞争力和影响力的产业高地、创新高地和人才高地。完善高新区发展机制，根据高新区经济社会管理实际需要，积极探索赋予高新区管委会相应的经济社会管理权限和行政管理权限。建立健全以创新绩效为主的考核评价机制，推动高新区转型发展、创新发展。加强高新区创新核心区建设，优先安排建设用地，促进科技资源、人才资源和金融资本向园区集聚。进一步优化高新区布局，支持符合条件的省级高新区申报建设国家级高新区，支持建设一批省级高新区。引导经济开发区着眼自主创新，完善体制机制，大力提升创新发展水平，加快转型升级步伐。统筹推进大学科技园、特色产业基地、科技产业园和科技创业园建设，大力加强创新型城市、创新型县（市、区）和创新型乡镇建设，全面提升基层科技进步与创新水平。

五、改革科技管理体制，建立健全激励企业创新的动力机制

（十二）建立科技创新重大决策协调机制。省科技创新工作领导小组领导开展省科技体制改革和创新体系建设，统一协调确定各类科技计划、专项资金和产业引导基金的支持方向、范围和重点，避免重复部署。完善省与地方、科技部门与其他部门之间的沟通协调机制。加强科技改革发展咨询工作，提升科技创新重大决策的科学化水平。加快转变政府管理职能，加强战略规划、政策法规、制度规范和监督指导等方面职责，提高公共科技服务能力。完善科技创新工程重大任务的组织推进方式，充分发挥市场在资源配置中的基础性作用，促进从研究开发到产业化的有机衔接。积极支持省科学技术发展战略研究院建设，组织开展重大科技战略问题研究。

（十三）创新科技计划组织管理方式。完善支持企业创新的科技计划体系，建立健全竞争性经费和稳定支持经费相协调的投入机制，对基础性、前沿性、公益性研究予以持续稳定支持。选择若干科技计划，逐步开展科技项目决策、执行、评价相对分开、互相监督的管理制度改革。吸纳企业参与产业规划、科技发展规划、产业技术政策、创新平台布局和科技计划指南的编制。完善科技项目管理流程，健全科技项目公平竞争和信息公开公示制度，

推行网络和视频评审方式。进一步完善贴息、后补助、有偿使用等经费资助方式，积极探索科技专项经费股权投资或基金创投等使用方式改革，提高资金使用绩效。实行重大项目法人负责制，增加项目承担单位预算调整权限，完善科研项目间接成本补偿机制，提高经费使用自主权。健全科研经费监督管理制度，明确监管机构，试行重大项目经费审核评估和预决算公开。

（十四）建立面向应用需求的科技评价制度。建立企业创新发展指数评价体系。制定高校院所服务社会绩效评估制度以及科研人员评价考核办法，改变片面将论文数量、项目和经费数量、专利数量等与科研人员评价和晋升直接挂钩的做法，形成以服务需求和提升创新能力为导向的科技评价体系。根据不同类型科技活动特点和科技计划定位，突出企业主体和市场导向，建立以绩效为目标的科技计划分类评价机制，其中，基础研究以同行评价为主，应用研究实行企业和专家评价，产业化开发由市场评价。发挥科技社团在科技评价中的作用，建立健全第三方评估机制。重视评价结果的运用，将评价结果与项目立项、经费分配和信用管理紧密结合起来。健全科技奖励制度，完善评审标准、办法和流程，提高评审过程透明度；探索科技奖励的同行提名制，适当延长申报成果的应用年限，加大对重大科技贡献和杰出科技人才与团队的奖励力度，强化对青年科技人才的奖励导向。

（十五）加大对科技人员创新创业的激励力度。深化南京国家科技体制综合改革试点，及时总结推广经验和做法。推进科技成果收益权和处置权改革，高校院所和国有企事业单位主要利用财政性资金资助形成的职务成果，以技术转让、股权投入等方式实施转化且价值在 800 万元以下的可由本单位自主处置。鼓励科技人员创办科技型企业，申请设立独资、合伙企业的，实行企业自主出资注册登记。技术成果作价入股视同技术转让享受相关政策。鼓励高校院所和国有企事业单位科技人员离岗创业，或兼职为企业提供科技创新服务。

（十六）加强知识产权创造、运用、保护和管理。强化知识产权强省建设整体部署，加快培育知识产权密集型企业和产业。推行我省地方标准《企业知识产权管理规范》，力争到 2015 年大中型工业企业全部实现知识产权管理标准化并拥有发明专利。研究制定重点工程和重大项目知识产权评议和前置审查办法。建立健全知识产权预警机制，定期向企业发布维权指南。完善知识产权价值评估体系，探索设立知识产权运营公司。制定发布知识产权发展指数，提高市县知识产权管理效能。建立健全联合执法、案件会商、信息共享等机制，切实保护合法权益。

（十七）完善科技资源开放共享机制。研究制定《江苏省科技资源开放共享条例》，推动财政资金购置的大型科学仪器设备、科技文献、种质资源、科学数据等向企业和社会开放共享。健全完善财政资金购置科研仪器设备的查重机制和联合评议机制，防止重复购置和闲置浪费。对财政资金资助的科技项目和科研基础设施，加快建立统一的管理数据库和科技报告制度，并依法向社会开放。完善省级科技资源共享服务平台，健全以公共服务量、服务收入和科技支撑效果为重点的资源服务绩效考评机制，创新运行服务管理模式和稳定支持方式。

六、落实保障措施，确保技术创新体系建设取得实效

（十八）加强组织领导。各级党委和政府要把深化科技体制改革，推进企业为主体、市场为导向、产学研相结合技术创新体系建设，摆上更加重要的位置，把科技体制改革作为经济体制改革的重要内容，同部署、同落实、同考核。强化基层科技管理能力建设，推动县市区健全科技计划体系，完善工作机制，加强乡镇科技管理队伍建设，形成科技改革发展工作合力。

（十九）强化督查考核。在省科技创新工作领导小组的领导下，建立健全工作协调机制，分解任务，明确责任，狠抓落实。各有关部门和单位要按照任务分工和要求，结合实际制定具体改革方案和措施。加强评价考核，研究制定科技创新约束性指标考核评价办法，并纳入地方党政领导干部考核指标体系，定期督促检查。建立创新调查制度，完善科技进步统计监测工作。

（二十）营造良好氛围。大力弘扬“三创三先”新时期江苏精神，发挥科技社团在创新活动中的重要作用，加强科学普及，提高全民科学素质，充分激发全社会创造活力。加强科研诚信和科学伦理的社会监督，扩大公众对科研活动的知情权和监督权，加大对学术不端行为的惩处力度。强化宣传和舆论引导，重点宣传科技创新的重大成就、科技体制改革的重要进展和先进典型，形成支持科技改革发展的浓厚氛围。

附录四：中共深圳市委　深圳市人民政府关于完善区域创新体系推动高新技术产业持续快速发展的决定

中共深圳市委　深圳市人民政府
关于完善区域创新体系推动高新技术
产业持续快速发展的决定
（2004 年 1 月 16 日）

深发〔2004〕1 号

为完善区域创新体系，提高高新技术产业的核心竞争力，推动我市高新技术产业持续快速发展，特作如下决定。

一、把完善区域创新体系摆到更加突出的位置

1. 完善区域创新体系，是推动我市高新技术产业持续快速发展的战略抉择。近年来，我市高度重视区域创新体系建设，加快高新技术产业发展，有力地推动了经济发展和社会进步，高新技术产业已经成为我市经济发展的三大支柱产业之一。但是，随着我国加入世贸组织、全方位开放格局的形成，国内外科技与经济的竞争日趋激烈，我市高新技术产业发展正面临着前所未有的挑战和机遇。我们必须继续完善区域创新体系，加快发展高新技

术产业，走新型工业化道路。完善区域创新体系，是提高高新技术产业核心竞争力的内在要求，是建设高科技城市的必然选择，是实现国际化城市战略目标的必由之路。各级党委、政府及其工作部门必须高度重视这项工作，把完善区域创新体系摆上重要议事日程，大力推动我市高新技术持续快速发展。

2. 明确完善区域创新体系的总体思路。要以市场为导向，产业化为目的，企业为主体，人才为核心，公共研发体系为平台，形成辐射周边、拓展海内外、官产学研资介相结合的区域创新体系。全面提升我市高新技术的自主创新力，承接国际产业转移的持续吸纳力，对社会经济的强劲带动力和走向世界的广泛影响力，优化高新技术产业发展的软硬环境，使我市成为综合营商成本最佳的地区，努力建设国际化的高科技城市。

二、高度重视人才在区域创新体系中的核心作用

3. 牢固树立人才资源是第一资源的观念。充分发挥人才在区域创新体系中的核心作用，坚持培养人才、引进人才和使用人才并重，进一步形成育才、引才、聚才和用才的良好环境和政策优势。

4. 加快人才培养。发挥本市高校、深圳大学城和其他高等院校的作用，与海内外名牌大学联合办学，重点培养产业发展急需的高层次人才。对经国家批准设立的博士后科研工作站，市政府予以资助，并对进入博士后科研工作站的博士后每位每年资助 5 万元。

5. 大力引进科技人才。经认定的高新技术企业和研究开发机构所需专业人才，市、区人事部门优先调入。对引进的国内非本市户籍的具有高级专业技术资格、高级技师技术等级、硕士研究生毕业以上学历人员及留学人员，要在子女入托入学、医疗保险和租用市、区政府提供安居房等方面享有规定的优惠和待遇。

6. 吸引留学人员来深创业。完善全市留学人员工作联席会议制度，切实解决留学人员创业和生活的实际问题。

7. 加强海内外科技交流与合作。市科技发展资金安排专项资金，用于资助与海内外的科技合作，鼓励企业通过各种方式进行海内外科技交流。

8. 重奖科技人员。市政府设立科学技术奖，包括深圳市市长奖、深圳市科学技术进步奖和深圳市技术发明奖，每年安排800万元重奖在我市高新技术产业发展中有突出贡献、创造巨大经济效益的科技人员。

9. 鼓励科技型企业设立管理股和技术股。管理股和技术股的比例由企业股东在法律法规范围内自主约定，市工商主管部门按有关规定予以办理相关手续。

三、努力强化企业在技术创新中的主体地位

10. 完善以企业为主体的技术创新体系。通过市场和政府的资源配置，推动企业成为研究开发和科技投入的主体，培育一批具有自主知识产权的高新技术企业，支持跨国公司制造业升级并本土化，不断强化企业在我市区域创新体系中的主体地位。

11. 支持企业加大研究开发投入。高新技术企业当年实际发生的研究开发经费可全额计入成本，如该费用比上年增长10%(含10%)的，且符合国家税收法律法规规定的，经主管税务机关批准，允许再按其实际发生额的50%，抵扣当年度的应纳税所得额。企业为开发新技术、研制新产品所购置的试制用关键设备、测试仪器，单台价值在10万元以下的，可一次或分次摊入管理费用，其中达到固定资产标准的应单独管理，不再提取折旧。

12. 支持对产业有扩散带动效应的重点企业建立技术研究开发机构。经认定的企业技术研究开发机构享受高新技术企业的有关优惠政策。

13. 扶持和促进民营科技企业的技术创新活动。民营科技企业申报国家科技型中小企业创新基金项目，市科技发展资金予以匹配。鼓励和帮助民营科技企业到海外进行产品推销和技术交易，为民营科技企业开拓国际市场提供政策和资金支持。

14. 吸引海内外大企业研究开发机构落户深圳。海内外大企业在深设

立的研究开发机构，享受高新技术企业的有关优惠政策。同时，要积极应对技术壁垒，加快研制技术标准。

四、加快建设高新技术公共技术平台

15. 建设有深圳特色的高新技术公共技术平台。加快建设由政府、企业、高校、行业组织等多元主体投入、市场化机制运作、面向社会开放、服务中小企业、研究开发产业共性与关键性技术、提高本地区创新能力的高新技术公共技术平台。

16. 支持建立高新技术产业专业公共技术平台。市科技主管部门在市科技发展资金中安排专项资金，用于高新技术产业的共性技术和关键性技术的专业公共技术平台建设。市科技主管部门要定期发布我市高新技术公共技术平台情况。

17. 支持建立优势传统产业专业公共技术平台，用高新技术改造传统产业。市经贸主管部门从市产业技术进步资金中安排专项资金，加快建设优势传统产业专业公共技术平台，对由企业组建、国家权威机构认定、面向社会的产品质量检测认证中心予以资金支持。

18. 整合和利用高校研究开发资源。支持我市和海内外院校在深研发机构的技术创新活动，鼓励高校研发机构、公共技术平台等承担国家和省的科研任务，鼓励市外的高校与科研机构承担我市重大科研计划项目，市科技发展资金予以资金支持。

19. 推动产学研合作向深度和广度发展，促进科技成果产业化。继续实施产学研联合开发工程，鼓励产学研各方发挥综合优势，联合开发关键、核心技术，合作解决产业发展的重大技术瓶颈。

20. 建立国际科技商务平台。市政府出资建设国际科技商务平台。利用具有海外政府机构或民间组织背景的科技组织与工商协会，为跨国公司在深投资、设立机构牵线搭桥，为海外科技商务机构和技术转移机构服务。

21. 继续办好高交会。坚持政府推动与商业化运作相结合、成果交易与风险投资相结合、技术产权交易与资本市场相结合、落幕与不落幕的交易会相结合，充分利用高交会的科技成果聚集、交易、扩散功能，使高交会成为海内外重要的科技成果交易场所。

22. 加强科技信息库网建设。加大政府资金投入，依托科技情报机构、高等院校和图书馆等联合建立专业性、资源共享的科技数据库和科技信息网。

五、大力培育科技孵化体系

23. 建设科技企业孵化器，培育科技创业源头。科技企业孵化器建设遵循多元化、专业型、互动式的发展思路，支持海内外企业、高校、科研院所、行业协会及其他投资主体创办多元化科技企业孵化器，鼓励创办针对不同对象和不同行业的专业型科技企业孵化器，促进政府、高校、企业及各类孵化器之间的互动式发展。

24. 按照"一个主园、多个分园"的布局规划建设市软件园。鼓励各区和社会资本兴办分园。加快建设深圳国家软件出口基地。

25. 建设国家集成电路设计深圳产业化基地。重点做好集成电路设计服务平台、专业技术人才培训基地和专业孵化器。

26. 办好生物孵化器。办好留学生园，吸引留学人员来深创业，并为留学生创业提供咨询、培训、融资、场地等配套服务。

27. 加快建设深圳虚拟大学园国家大学科技园。鼓励深圳虚拟大学园成员院校在我市建立产业化基地。设立深圳虚拟大学园科技成果转化专项资金，促进成员院校的科技成果在我市实现产业化，并对经认定的深圳虚拟大学园研究生实习基地予以资助，培养高新技术产业急需的各类人才。

六、积极完善高新技术产业链

28. 加快建设和完善高新技术产业链。市政府安排专项资金，做大做强通信、计算机、软件、平板显示、生物医药等我市高新技术的主导产业，对制约其发展的关键技术和重大项目，市政府相关部门优先予以政策和资金支持。同时积极培育新兴高新技术产业链，优化高新技术产业结构，培育和完善骨干企业带动、衔接上下游企业和产品、相互依存和发展的产业链条。

29. 加大高新技术产业链缺失环节的招商力度。对主导产业的缺失环节进行重点招商，并予以特殊的优惠政策扶持。鼓励对产业链关键配套环节的投资。利用国际产业转移、结构调整的契机，吸引跨国公司将制造和研究开发基地转移到我市。对引进的高新技术产业链骨干企业，在地价、用水、用电、贷款贴息等方面予以补贴。加强和周边地区尤其是大珠三角地区的产业合作，促进区域间骨干企业和配套企业共同发展。

30. 加快培育新兴产业。市政府安排专项经费，重点培育集成电路、新型显示技术等新兴产业。

31. 积极推进高新技术成果产业化。市计划主管部门负责组织制订重点高新技术产业导向，组织优势高技术产业申报国家级高技术产业基地。对符合我市产业政策、有良好市场前景且已进入产业化阶段的高新技术项目，实施深圳市高技术产业化示范工程项目计划，并组织申报国家高技术产业化示范工程项目计划。

32. 加快建设高新技术产业带。加强产业带开发建设的统一领导，加大统筹协调力度。明确各片区的产业功能定位，严格按照产业规划招商和安排项目入区，引进海内外影响大、市场前景好的高新技术项目。加快土地清理工作。集中控制规划范围内的土地资源，加大土地清理和征地力度，注重产业用地的集约利用和单位产出，将更多的土地用于发展高新技术产业。

33. 通过“厂房再造、产业置换”扩大软件和科技孵化器的空间。市政府安排专项资金，区政府和相关企业(单位)以不低于1∶2的比例进行配套，将现有旧厂房改造为软件园和科技孵化器。

七、全力营造完善区域创新体系的良好环境

34. 完善区域创新体系必须从主要依靠优惠政策向着力营造创新环境

转变。坚持“以人为本”，以技术创新为灵魂，努力营造有利于完善区域创新体系的产业生态、人文生态、环境生态协调发展的综合环境，使深圳成为技术创新的沃土和成功创业的家园。

35. 完善科技中介机构。建立科技成果评估、交易、仲裁等配套服务的科技中介机构。市科技主管部门加快建立科技信用体系，加强对科技中介机构的培育和行业指导，逐步将适于市场化运作的行政职能委托给规范的中介机构。建立市科技中介同业公会，规范市场行为，提高服务水平，形成行业自律。鼓励海内外特别是港、澳人士来深设立科技中介机构。

36. 鼓励创业投资，培育创业投资市场。鼓励海内外投资者在我市设立创业投资机构。在我市注册的创业投资机构，凡符合我市创业资本投资高新技术产业导向的项目，累计投资额超过其注册资本或者出资总额70%并且其中不低于30%投资于创始型企业的，享受高新技术企业的有关优惠政策。对符合政府导向的高新技术项目尤其是种子期项目，市科技发展资金采取多种形式与创业投资机构匹配投入。建立担保代偿金和再担保制度，鼓励政府和社会资本设立的担保机构加大对科技型中小企业技术创新活动的支持力度。

37. 加速培育技术产权市场，积极探索交易制度创新。加快发展技术产权交易市场，为创业资本退出提供渠道。经认定的技术产权交易机构享受高新技术企业的有关优惠政策，其办理交易见证的项目，工商股权变更时不再办理公证手续。

38. 提高高新技术企业认定效率。高新技术企业的认定，实行常年受理，及时审批。除市直属管理的高新区、保税区、大工业区等的高新技术企业认定由市科技局负责外，其余根据属地原则委托区科技局受理并初审，报市科技局审定。

39. 政府采购政策支持高新技术尤其是软件产业发展。通过工程设计、预算控制、招投标等形式，引导和鼓励政府部门、企业和事业单位择优购买本国、本地高新技术企业的产品。在同等条件下，政府采购优先购买本国、本地产品，特别是政府的信息化工程要优先采用本国、本地企业的软件系统。

40. 对高新技术企业提供个性化服务。对大企业提供便利“直通车”服务。确定重点高新技术企业名单，市政府主管部门负责人要分工联系企业，切实帮助企业解决生产经营中的实际问题。

41. 加强科技法制建设，加大知识产权保护力度。加快科技立法步伐，完善以保护知识产权为核心的科技法规体系。市知识产权保护领导小组统筹研究解决知识产权保护方面的重大问题，每年发布我市知识产权保护情况。

42. 弘扬创新文化，培育创业环境。倡导敢于冒险、勇于创新，宽容失败、追求成功，开放包容、崇尚竞争，富有激情、力戒浮躁的创新文化，形成海纳百川、人才荟萃的创业热土。发挥企业家组织、学会和行业协会等社团组织沟通政府与企业的桥梁作用，营造创新创业的人文环境。

八、加大政府对完善区域创新体系的投入

43. 整合专项资金，提高资金使用效率。整合现有的市科技三项费用、市软件产业发展资金、市留学人员创业资金等政府资金为市科技发展资金，用于区域创新体系建设，推动高新技术产业发展。资金使用坚持公开化、程序化、市场化，实行专家评审、政府决策，依照绩效原则、集中原则、放大原则、后评估原则，提高资金使用效率。

44. 整合市政府投资的各类科研机构。实行资源整合、机构整合、资产整合和功能整合，建立体制完善、功能优化、专业集中、有效运作的高新技术研发新机制。

45. 增加对高新技术产业的财政扶持。市财政主管部门设立高新技术产业专项补助资金，主要用于高新技术企业和项目、重点软件企业、重点新产品研发费用补助及创业投资补贴等。市财政 2004 年安排专项经费 1.5 亿元，2005 年、2006 年每年安排专项经费支持软件产业发展。市政府要出资

兴建市软件大厦。市政府安排专项资金支持国家集成电路设计深圳产业化基地建设。

46. 资助企业科研开发。市科技发展资金的85%以上用于支持企业和科研机构的技术创新活动和重大高新技术项目建设,重点支持一批技术先进、能形成自主知识产权、产业化前景良好的高新技术企业。对经认定的国家级和省市级技术研究开发机构分别予以500万元和300万元资助。国家工程中心、国家重点实验室到我市设立分支机构,经认定予以300万元资助。

47. 扶持孵化器发展。经市科技主管部门认定的科技企业孵化器予以最高300万元的资助,主要支持科技企业孵化器的公共服务平台、网络通讯、专业实验室设备仪器等共享设施建设。市政府出资建立专业化生物孵化器。

48. 鼓励企业研制自主知识产权的国际标准、国家标准和行业标准。从2004年起连续三年,每年在市科技发展资金中安排1 000万元专项经费,重点资助企业、行业组织等研制结合自主知识产权的国际标准、国家标准和行业标准。

49. 设立专利申请资助专项经费。重点资助在我市注册的科技型企业申请国内外发明专利。市科技发展资金对有市场前景、进入产业化阶段的发明专利的实施给予支持。在科技发展资金中每年安排专项经费300万元,用于市知识产权主管部门宣传培训、建立预警机制、资助企业境外维权等与科技相关的知识产权保护工作。

50. 设立出国留学人员创业专项资金。市政府每年安排3 000万元用于资助出国留学人员来我市从事高新技术项目的研究开发。市政府出资建设市留学生创业大厦。

九、切实加强对完善区域创新体系的组织领导

51. 发挥政府在区域创新体系建设中的主导作用。提高政府服务效率和决策水平,注重制度建设和体制创新,整合政府资源,运用市场手段,加快

建立符合经济和科技发展规律的科技资源有效配置的新机制。

52. 健全市科技顾问委员会。聘请海内外科技、经济、管理和法律专家充实市科技顾问委员会，对我市高新技术产业发展战略、中长期规划等重大决策进行论证和咨询，参与政府科技资源配置的评审。市科技顾问委员会实行常设科技顾问与建立专家库相结合的动态管理模式。

53. 完善市政府科技资源配置的监督机制。建立市政府科技资源分配方案公示制度。市政府有关主管部门要加强内部管理制度建设。市纪检、监察、审计部门要加强对政府科技资源分配的监督。聘请人大代表、政协委员、企业代表、社会人士和媒体等组成联合监督小组，对政府科技资源分配予以监督。

54. 加强市、区对口部门的配合和联动。发挥区级部门的作用，实行管理重心下移，建立和完善市、区对口部门的工作联动机制。

参考文献

[1] 理查德·R. 尼尔森. 国家(地区)创新体系比较[M]. 曾国屏,刘小玲,等译. 北京:知识产权出版社,2012.

[2] 付淳宇. 区域创新系统理论研究[D]. 长春:吉林大学博士学位论文,2015.

[3] 柳卸林. 21 世纪的中国技术创新系统[M]. 北京:北京大学出版社,2000.

[4] 贾根良,刘辉锋. 自组织创新网络与科技管理的变革[J]. 天津社会科学,2003(1).

[5] 李兰冰. 区域创新网络的多层次发展动因与演进机制研究[J]. 科技进步与对策,2008(11).

[6] 高勇. 区域创新网络一种新兴的创新组织模式[J]. 商业经济研究,2013(26).

[7] Pcast. University-Private sector research partner ships in the innovation ecosystem[R]. 2008.

[8] 朱学彦. 创新生态系统:动因、内涵与演化机制 [C]. 第十届中国科技政策与管理学术年会论文集,2014.

[9] 何向武,周文泳,尤建新. 产业创新生态系统的内涵、结构与功能[J]. 科技与经济,2015(4).

[10] 曾国屏,苟尤钊,刘磊. 从“创新系统”到“创新生态系统”[J]. 科学学研究,2013(1).

[11] 张朝岩,高宏伟. 产业技术创新体系本地化:基本内涵、关键因素及政策取向[J]. 科技进步与对策,2013(7).

[12] 杨西春. 基于协同创新理论的区域产业技术创新系统研究[J]. 梧州学院学报,2015(2).

[13] Porterm. Location, competition, and economic development: local luster s in a global economy[J]. Economic Development Quarterly, 2000.

[14] Breschi S, Malerba F. Sectoral innovation systems: technologicalregimes schumpeterian dynamics and spatial boundaries[M]. London: Pinter, 1997.

[15] Malerba F. Sectoral systems of innovation and production[J]. Research Policy, 2002.

[16] Gertler Metal, Wolfed. Dynamics of the regional innovation system in ontario[M]. Local and Regional Systems of Innovation. Amsterdam: Kluwer, 1998.

[17] 龚荒. 关于区域创新体系中几个关系的界定[J]. 科技进步与对策,2003(3).

[18] 吴贵生,王毅. 技术创新管理[M]. 北京:清华大学出版社,2009.

[19] 钱学森. 现代科学技术与技术政策[M]. 北京:中共中央党校出版社,1991.

[20] 盖文启. 创新网络——区域经济发展新思维[M]. 北京:北京大学出版社,2002.

[21] [美] 约瑟夫·熊彼特. 经济发展理论[M]. 孔伟艳,译. 北京:北京出版社,2000.

[22] 庞瑞芝,周密,丁明磊,等. 区域创新网络与产业发展研究[M]. 北京:经济科学出版社,2013.

[23] 袁东明,郑舒丹. 美国制造业创新中心的运作模式与启示[R]. 调查研究报告,2016 年第 169 号.

[24] 冷单,王影. 美国国家制造业创新网络运行机制与经验启示[N]. 中国经济时报,2016-01-11.

[25] 丁明磊,陈志. 美国建设国家制造业创新网络的启示及建议[J]. 科学管理研究,2014(10).

[26] 陈强,胡雯,鲍悦华. 德国州域创新网络构建及启示[J]. 科技发展研究,2015(24).

[27] 杜德斌,杨凡. 纽约城市创新网络的架构及启示[J]. 科技发展研究,2015(18).

[28] 祁明. 区域创新标杆[M]. 北京:科学出版社,2009.

[29] 申畯,江诗琪. 法国卡诺研究所联盟合作研究及对我国的启示[J]. 中国科技资源导刊,2015(2).

[30] 徐南平,洪银兴,刘志彪. 创新型省份建设与江苏的探索[M]. 南京:南京大学出版社,2015.

[31] 魏江. 创新全球化:中国企业的跨越[M]. 北京:科学出版社,2016.

[32] 国家统计局. 2015 中国科技统计年鉴[M]. 北京:中国统计出版社,2015.

[33] 世界银行. 2014 世界发展数据手册[M]. 北京:中国财政经济出版社,2014.

[34] 刘凤朝,等. 区域创新网络结构绩效及演化研究综述[J]. 管理学报,2013(10).

[35] 张满银,等. 区域创新网络理论述评[J]. 当代经济研究,2011(6).

[36] 中国企业联合会,中国企业家协会. 2016 中国 500 强企业发展报告[M]. 北京:企业管理出版社,2016.

[37] 陈莉平,等. 区域创新网络的运行模型及其运行过程研究[J]. 福州大学学报(哲学社会科学版),2007(7).

[38] 陈德宁,等. 区域创新系统理论研究综述[J]. 生产力研究,2004(4).

[39] 汪良兵. 区域创新网络结构与协同演化研究[D]. 合肥:中国科学技术大学,2014.

[40] 林婷婷. 产业技术创新生态系统研究[D]. 哈尔滨:哈尔滨工程大学,2012.

[41] 袁雅芝. 产业集群中的技术创新网络研究[D]. 杭州:浙江工业大学,2010.

[42] 周立军. 区域创新网络的结构与创新能力研究[D]. 天津:南开大学,2009.

[43] 李庆东. 产业创新系统协同演化理论与绩效评价方法研究[D]. 长春:吉林大学,2008.

[44] 黄海云. 区域创新网络的构建及运行研究[D]. 福州:福州大学,2006.

[45] 刘琼芳. 产业集群区域技术创新网络研究[D]. 长沙:中南大学,2003.

后 记

本书是在2014年国家软科学研究计划项目“区域网络化产业技术创新系统研究”(项目编号2014GXS5D227)的研究成果基础上形成的。本项目研究由夏太寿、张玉赋负责，由江苏省科学技术发展战略研究院科技政策研究中心牵头，南京审计大学、东南大学有关老师等参与而完成。

本书的编著出版由张玉赋总负责和组织协调，确定基本思路、写作框架，由汪长柳具体负责全书写作内容。第一章研究背景和意义由左茜、韩莉执笔完成，第二章区域网络化产业技术创新系统理论分析由汪长柳、李殿君执笔完成，第三章区域网络化产业技术创新系统国内外经验借鉴由卢锐、盛凌振、李群、宣亚雷执笔完成，第四章江苏省区域网络化产业技术创新系统实践分析由汪长柳、沈瑾秋执笔完成，第五章案例分析由韩博、李艳茹、李文静执笔完成，第六章进一步优化江苏网络化产业技术创新系统的对策建议由孙占、沈瑾秋执笔完成。附录一由汪长柳、马丽执笔完成，附录二由汪长柳、杨静执笔完成。全书由张玉赋、汪长柳统稿。

本院王晓梅、马永浩、梅伟、王利军等同志为本项目的研究工作及本书的编辑出版工作给予了大力支持，东南大学仲伟俊教授、江苏省委党校方建中教授、南京大学郑江淮教授、南京理工大学戚湧教授和江苏省经信委韩立春处长等对本书的修改完善提出了许多宝贵意见，宜兴环保科技工业园对本研究工作给予了大力支持，提供了有关数据及资料，在此一并表示感谢。限于水平和时间，加上有些数据和资料的难以获取，本书难免存在不足之处，敬请大家批评指正。